高职高专学生毕业论文指导

主　编　潘久政　幸荔芸　尚林伟
副主编　张美欧　温云兰　余　萍
　　　　黄　敏　潘文敏　王芙蓉
　　　　王厚钧　贺旭旭

重庆大学出版社

图书在版编目（CIP）数据

高职高专学生毕业论文指导 / 潘久政，幸荔芸，尚
林伟主编. -- 重庆：重庆大学出版社，2018.6（2021.12重印）
ISBN 978-7-5689-1082-8

Ⅰ. ①高… Ⅱ. ①潘… ②幸… ③尚… Ⅲ. ①毕业论
文—写作—高等职业教育—教学参考资料 Ⅳ. ①G642.477

中国版本图书馆 CIP 数据核字（2018）第 096024 号

高职高专学生毕业论文指导

主　编　潘久政　幸荔芸　尚林伟
策划编辑：唐启秀

责任编辑：李桂英　　版式设计：唐启秀
责任校对：王　倩　责任印制：张　策

*

重庆大学出版社出版发行
出版人：饶帮华
社址：重庆市沙坪坝区大学城西路 21 号
邮编：401331
电话：(023) 88617190　88617185（中小学）
传真：(023) 88617186　88617166
网址：http://www.cqup.com.cn
邮箱：fxk@cqup.com.cn（营销中心）
全国新华书店经销
重庆华林天美印务有限公司印刷

*

开本：787mm×1092mm　1/16　印张：7.25　字数：150千
2018 年 6 月第 1 版　　2021 年 12 月第 4 次印刷
ISBN 978-7-5689-1082-8　定价：29.50元

毕业论文是高等职业院校教学过程中非常重要的具有学习总结性、综合实践性的教学环节。学生在掌握专业知识的基础上，选定一个与专业有关的课题，运用所学知识，按照规范的程序与方法，在教师的指导下，独立进行设计、完成的作业，在机械类、计算机类等技术性专业的教学计划中称为毕业设计，其他经济、管理、人文社科类等专业称其为毕业论文。毕业论文的写作是一个既动脑又动手的过程。从立意、选题到收集资料，从提纲设计、编写到论文撰写，从字句、段落、篇章，甚至标点符号的反复斟酌、思考、修改以至论文结构合理与条理清晰，都是一个复杂而艰苦的思考过程、行动过程。毕业论文的写作有一定的规律，并且这些规律是可以被学生所掌握的。只要学生认真听取毕业论文指导教师的意见，是可以尽快掌握这些规律并写出好论文的。为此，我们编写了这本《高职高专学生毕业论文指导》。

在编写中，我们本着科学、实用的原则，以毕业论文工作的程序为编排章节的主线。全书分为五章，包括毕业论文的概述、毕业论文的选题、毕业论文的撰写、毕业论文的修改与指导、毕业论文的答辩，涉及大学生毕业论文写作的各个方面。不但有较完整的理论叙述，同时引入实际案例予以说明，并且揭示规律给学生以启迪。

潘久政、幸荔芸和尚林伟担任本书主编，提出编写指导原则及编写大纲，在编写人员共同讨论的基础上修改初稿且定稿。各章节编写人员为：第一章，潘久政、温云兰；第二章，幸荔芸、张美欧、潘文敏；第三章，潘久政、尚林伟、贺旭旭、黄敏、余萍；第四章，尚林伟、王芙蓉；第五章，幸荔芸、王厚钧。最后由潘久政进行内容增删、案例补选、文字整理、修订和定稿。

本书参考了前辈、同仁的教材、论著和研究成果，在编写过程中得到了编者单位领导、老师的大力支持，在此一并表示衷心感谢。

由于编者学识水平、实践经验所限和时间十分紧迫，书中的所论所述，不足之处在所难免，敬请广大读者予以指正。

编　者
2017 年 11 月 8 日

CONTENTS **目录**

第一章 毕业论文的概述

第一节 毕业论文的性质和意义

一、什么是毕业论文

高职院校毕业论文是高职学生在毕业前夕通过一段时间的毕业实习,结合大学期间所学理论知识和社会实践,通过论文的方式提出自己对某一个专业领域项目的想法。它强调实践性和技术性,能很好地体现出学生的思想性和创新性,是大学生完成学业的标志性作业。毕业论文通常作为一个独立的必修项目计算学分,学生通过答辩来获得该项目的成绩和学分,这是对大学生掌握专业知识情况、分析问题和解决问题的基本能力的一次全面考核。从这个定义,我们可以看出毕业论文具有以下几个特点。

(一)指导性

毕业论文的写作,自始至终是在教师的指导下进行的,每一环节都需要教师具体的引领和指导。学生在教师的帮助下确定选题,在教师的指导下查找、收集资料,制订调查内容,进而由教师审定论文提纲,解答疑难问题,指出论文初稿中存在的问题,提出修改意见等。在写作的全过程中,教师要引导学生独立进行工作,充分发挥学生的主观能动性和创造精神,左思右寻、上求下探、刻苦钻研、反复推敲,最大限度地发挥自身的聪明才智,圆满地完成毕业论文的写作任务。

(二)习作性

按照人才培养方案的规定,毕业论文带有明显的教育目的性和学业规定性——没有论文成绩,学生就不能毕业。在大学阶段的前期,学生要集中精力学好本专业的基础理论、专业知识和基本技能;在大学的最后一个学期,学生要集中精力写好毕业论文。因此,专业知识和毕业论文是有内在联系的,专业基础知识的学习为写作毕业论文打下坚实的基础;毕业论文的写作是对所学专业基础知识的运用和深化。大学生撰写毕业论文就是运用已有的专业基础知识,分析和解决生产、建设、管理、服务中的实际问题,把知识转化为能力的实际训练。写作的主要目的是培养学生综合运用所学知识分析和解决实际问题的能力,为将来适应就业岗位作好准备,而不是要求论文本身去完成某种现实任务,也不要求论文达到发表水平。因此,毕业论文实质上是在校期间的一种演练、一份习作,并不是正规的学术论文。当然,它必须符合正规学术论文的文体特征要求。

(三)层次性

毕业论文比学术论文要求低。专业人员的学术论文,是指专业人员进行科学研究和表述科研成果而撰写的论文,一般反映某专业领域的最新学术成果,具有较高的学术价值,对科学事业的发展起一定的推动作用。大学生的毕业论文只要求抓住体现本专业性质的某一问题、某一侧面或某些有价值的知识点,提出论点、论据,观点能自圆其说即可。由于各种条件的限制,大学生的毕业论文在质量方面要求相对低一些。这是因为:第一,大学生缺乏写作经验,多数是第一次撰写论文,对撰写论文的知识和技巧知之甚少;第二,多数大学生的科研能力还处于培养形成之中,大学期间主要是学习专业基础理论知识,缺乏运用知识独立进行科学研究的训练;第三,撰写毕业论文受时间限制,一般学校都把毕业论文安排在最后一个学期,而学生忙于找就业单位,用于写毕业论文的时间很少,在短时间内要写出高质量的、有学术价值的论文是比较困难的。因此,大学生毕业论文的要求比正规的学术论文低很多。

(四)考核性

毕业论文的考核、检查功能十分明显。高职院校学生撰写毕业论文的目的和用意不是像学术论文那样公开发表,而是为了"考核"后取得成绩。毕业论文在分类上归入教育类文体,因此,要按专业教育的标准来要求,而且要求划分出等级差别,一般分为优秀、良好、及格和不及格四个档次。毕业论文最后的结果就是评定学生的成绩。

二、撰写毕业论文的目的和意义

高等职业院校毕业论文是实现职业教育培养目标最后一个重要教学环节,是培养学生综合运用所学理论知识和实践技能解决实际问题的一种教学形式,同时也是总结学生在校期间的学习成果、衡量教学质量的重要指标。在培养学生探求真理、强化社会意识、进行应用研究基本训练、提高综合实践能力与素质等方面,毕业论文具有不可替代的作用。它是检验学校教育教学工作、教师教学效果、学生学习质量的综合考核手段,是高职院校培养创新型人才的重要实践性环节。因而,学生的毕业论文质量是高职人才培养工作水平评估重要的观察点。

(一)是对学生综合素质和学校教学质量的综合检验

毕业论文是学生在校学习期间的最后一次作业,它可以全方位综合性地展示、检验学生掌握所学知识的程度和运用所学知识分析问题、解决问题的能力。大学生在学习期间,按照教学计划的规定学完相关课程,每门课程也都经过了考试或考查。学习期间的这种考核是单科进行,主要是考查学生对所学专业知识的记忆程度和理解程度。毕业论文则不同,它不是单一地对学生进行某一专业已学知识的考核,而是着重考查学生综合运用所学知识对某一问题进行分析探讨的能力。写好一篇毕业论文,既要系统地掌握和运用专业知识,还要有较宽的知识面,同时也要有一定的逻辑思维能力和写作功底。这就要求学生既要具备良好的专业知识水平,又要有深厚的基础知识。由于目前学校的考试方法大都偏重于记忆,局限于对书本知识的一般理解,因此难以全面了解学生掌握理论的深度和实际运用能力。有的学生平时学习马马虎虎,满足于应付考试,很少做课堂笔记和读书札记,对写作知识了解不多,很少进行写作练习,到写毕业论文时才临阵磨枪,回头补习各种知识,其写出来的论文连最基本的格式要求都无法达到,逻辑上颠三倒四。还有一类学生平时学习死记硬背,缺乏能力的培养,缺少动手动笔和实际操作的能力。这些问题,学生在撰写毕业论文时,都会暴露出来。毕业论文的写作可以使学生发现自己的长处和短处,以便在今后的工作中有针对性地克服缺点,也便于学校和毕业生录用单位全面地了解和考查每个学生的业务水平和工作态度,便于发现人才。同时,还可以使学校全面考查了解教学质量,总结经验,改进工作。

因此,学生撰写毕业论文的过程,实质就是对专业知识进行学习、梳理、消化和巩固的过程。同时,在调查研究、收集材料、深入实际的过程中,还可以学到许多课堂上和书本里学不到的常识和经验。

(二)有助于学习与工作态度的养成

撰写毕业论文能培养学生对工作认真负责、一丝不苟、敢于创新和协作攻关的精神,以及对事物潜心考察、勇于开拓、勇于实践的态度。还能培养学生勇于探索、严谨推理、实事求是、用实践检验理论、全方位考虑问题等科学技术人员应具有的素质,养成理论联系实际的工作作风和严肃认真的科学态度。

(三)促进知识向能力的转化

知识不是能力,但却是获得能力的前提与基础。要将知识转化为能力,需要个体的社会实践。毕业论文的写作就是促进知识向能力转化的重要措施。由于课程考试大都偏重于知识的记忆,范围也仅限于教科书所规定的内容,对这种考试,学生没有自我选择的空间,无法体现和实现学生实际操作能力的提高。毕业论文写作恰恰能弥补这一缺陷。论文的一个特点就是创新性,学生提出自己的新观点、新见解或实验成果,都必须建立在以前所学的专业知识、理论的基础之上。这样,论文的写作就会促进专业知识向应用能力的转化,培养学生的科学研究能力,使他们初步掌握进行科学研究的基本程序和方法。撰写毕业论文,对培养和提高学生的社会调查能力、资料查询与文献检索能力、分析问题能力、实验研究能力、计算机使用能力、文字表达能力等都会有所帮助。

(四)通过问题反馈,对教学工作提供参照信息

毕业论文中出现的一些问题反映着学校的教学工作。对于学校和教师而言,如果大多数学生的论文写得好,内容和格式符合要求,且能发挥自己的见解,就说明前期的教学工作取得了实际的成效,学生的素质培养没有出现什么偏差;相反,如果学生论文中出现的问题比较多,就说明教学中存在的问题比较多,就需要有针对性地加以改进和调整。比如,论文中抄袭的现象比较严重,就需要制订相关的处罚规定,并加强对学生的思想教育;所交毕业论文大多不合乎论文的文体格式,就需要加强写作知识的传授。这样,可使学校、教师通过毕业论文考查、了解教学质量,总结经验,改进工作。

同时,学生可以通过论文的写作,进行自我反省和自我检阅,发现自身存在的问题和不足,从而进行自我强化和调整,以便在今后的工作中有针对性地克服。

(五)提高查阅和利用文献资料的能力

在教师指导下独立进行调查研究、收集资料、分析综合、实验研究、推理论证和系统表述,培养从文献、科学实验、生产实践和调查研究中获取知识的能力,是学生利用别人的经验,从其他相关学科找到解决问题的新途径。

(六)提高提出问题、分析问题、解决问题的能力

培养学生综合运用所学知识去处理实际问题的能力,如设计、计算和绘图的能力,实验研究和数据处理的能力;能够发现问题和提出问题,会综合分析和总结归纳;能综合运用所学知识,拓宽学生的知识面和掌握知识的深度,善于综合利用这些知识来独立完成课题;提高外语、计算机应用能力等。

(七)提高学习文字及口头表达能力

写作是传达信息的一种方式。现代社会是信息社会,各行各业都离不开信息。而信息的提供、收集、储存、整理和传播等都离不开写作。学生走向工作岗位后,写一份报告或总

结,向领导作一些口头汇报是经常的事情。而毕业论文的考核除了要上交一份完整的书面材料外,还要在答辩中为自己进行辩说,因此,学生在这一教学环节中得到了很大的锻炼。

撰写毕业论文的过程也是训练写作思维和写作能力的过程。撰写毕业论文必然会遇到收集、整理和鉴别材料,进行社会调查、分析和整理调查结果,写提纲和起草,修改和传递等各方面的常识、方法、技能。撰写毕业论文,可以有效提高获取信息的能力,语言和文字表达的能力,社会活动、交往、调研的能力等。从这个意义上说,毕业论文不是一种形式,它内在的功能是多方面的。

（八）为未来工作作好准备

高职院校毕业论文是一篇具有总结性质和习作性质的文章,有承前启后的作用。毕业论文的写作,对以前而言是总结,对以后而言是开始。总结以前是为了便于以后的工作和学习。它标志着一个阶段的结束,启示着一个新的阶段的来临。所以,学生撰写毕业论文,即是在两个阶段之间进行"切换"。毕业论文写得好,对未来的工作、学习是有利的。每个毕业生,都应当以积极的态度、正确的方法投入这项工作,用实际行动为前一段的学习画上句号,为未来的工作和学习打下坚实的基础。

毕业论文写作对于保证教学质量,培养合格的大学毕业生具有重要意义。因此,学校和学生方面都必须高度重视毕业论文的指导和写作,确保毕业论文写作任务的圆满完成。

第二节　毕业论文的类型及撰写原则

一、毕业论文的类型

根据学生的不同层次,可以把毕业论文分为普通毕业论文、学士论文、硕士论文和博士论文四类。其中,高职高专学生撰写的,不授予学位的,能运用已学的理论知识技能表达对某一问题见解的论文为普通论文。毕业论文还可按内容和性质,以及研究领域、对象、方法、表现方式等的不同进行分类。

按内容性质和研究方法的不同,毕业论文可分为理论性论文、实验性论文、描述性论文和设计性论文。文科类专业毕业生一般选择撰写理论性论文。理论性论文具体又可分成两种:一种是以纯粹的抽象理论为研究对象,研究方法是严密的理论推导和数学运算,有的也涉及实验与观测,用以验证论点的正确性;另一种是以对客观事物和现象的调查、考察所得观测资料以及有关文献资料数据为研究对象,研究方法是对有关资料进行分析、综合、概括、抽象,通过归纳、演绎、类比,提出某种新的理论和新的见解。对于高职院校的毕业生而言,撰写理论性论文,强调的是对客观事实的调查,对数据的收集分析,最后提出可行的措施或见解。理工科学生一般选择后三种论文形式。

按议论的性质不同,毕业论文可分为立论文和驳论文。立论文是指从正面阐述论证自己的观点和主张。一篇论文侧重以立论为主,就属于立论文。立论文要求论点鲜明,论据充分,论证严密,以理和事实服人。驳论文是指通过反驳别人的论点来树立自己的论点和主张。如果毕业论文侧重以驳论为主,批驳某些错误的观点、见解、理论,就属于驳论文。驳论文除按立论文对论点、论据、论证进行要求以外,还要求针锋相对、据理力争。

按研究问题的大小不同,毕业论文可分为宏观论文和微观论文。宏观论文的研究面一般比较宽广,且具有较大范围的影响。反之,研究局部性、具体问题的论文,是微观论文。高职学生写的毕业论文多属于微观论文。

毕业论文还可分为专题型、论辩型、综述型和综合型论文。专题型论文是在分析前人研究成果的基础上,以直接论述的形式发表见解,从正面提出某一问题的一种论文。论辩型论文是针对他人在某学科中某一学术问题的见解,凭借充分的论据,着重揭露其不足或错误之处,通过论辩形式来发表见解的一种论文。如《家庭联产承包责任制改变了农村集体所有制性质吗?》一文,针对"家庭联产承包责任制改变了农村集体所有制性质"的观点,进行了有理有据的驳斥和分析,以论辩的形式阐发了"家庭联产承包责任制并没有改变农村集体所有制"的观点。另外,针对几种不同意见或社会普遍流行的错误看法,以正面理由加以辩驳的论文,也属于论辩型论文。综述型论文通过对已发表材料的组织、综合和评价,以及对当前研究进展的考察来澄清问题。在某种意义上,综述型论文具有一定的指导性,包括以下内容:对问题进行定义,总结以前的研究,使读者了解研究的现状,辨明文献中各种关系、矛盾、差距及不一致之处,建议解决问题的后续步骤等。综合型论文是一种将论辩型和综述型两种形式有机结合起来写成的一种论文。如《关于中国民族关系史上的几个问题》一文既介绍了民族关系史的现状,又提出了几个值得研究的问题。

二、毕业论文撰写的基本原则

毕业论文是训练学生学写学术论文的一次作业,是一项相对复杂的学、思、做、写四位一体的综合训练。毕业论文主要考查学生三个方面的能力:一是综合运用所学的专业知识的能力,二是探索、思考、创新的能力,三是组织、写作、表达的技巧和能力。对毕业论文的考查,主要从新、深、实、严、达五个方面把握:"新"指新颖度,即不是照搬别人的东西;"深"是指毕业论文的学术内容有一定的深度,不是泛泛而谈;"实"是指内容、材料既要真实又要充实;"严"是指严密度,即结构严谨、表述严密、条理分明、逻辑性强,符合既定格式;"达"是指语言通顺流利,表达精确无误。这些都是考核毕业论文成绩的基本依据。

（一）理论联系实际的原则

撰写毕业论文必须坚持理论联系实际的原则。理论研究,特别是社会科学的研究必须为现实服务。理论来源于实践,又反作用于实践。科学的理论对实践有指导作用,能通过人们的实践活动转化为巨大的物质力量。科学研究的任务就在于揭示事物运动的规律性,并用这种规律性的认识指导人们的实践,推动社会的进步和发展。因此,毕业论文在选题和观点上都必须注重联系社会主义现代化建设的实际,密切注视社会生活中出现的新情况、新问题。

只有深入到实际中去,同客观事物广泛接触,获得大量的感性材料,然后运用科学的逻辑思维方法,对这些材料进行去粗取精、去伪存真、由此及彼、由表及里的加工制作,才能从中发现有现实意义而又适合自己研究的课题。当然撰写毕业论文可选择的课题十分广泛,并不只限于现实生活中的问题,但无论选择什么研究课题,都必须贯彻理论联系实际的原则。

（二）立论客观，观点新颖

1.立论要科学

毕业论文的科学性是指文章的基本观点和内容能够反映事物发展的客观规律。文章的基本观点必须来自具体材料的分析和研究,所提出的问题在本专业领域内有一定的理论意义或实际意义,并通过独立思考,提出自己一定的认知和看法,而不是主观臆想出来的。判断一篇论文有无价值或价值大小,首先是看文章观点和内容的科学性如何。毕业论文的科学性首先来自对客观事物的周密而详尽的调查研究。掌握大量丰富而切合实际的材料,使之成为"谋事之基,成事之道"。其次,文章的科学性通常取决于大学生在观察、分析问题时能否坚持实事求是的科学态度。在毕业论文中,既不容许夹杂个人的偏见,又不能人云亦云,更不能不着边际地凭空臆想,而必须从分析出发,力争做到如实反映事物的本来面目。最后,毕业论文是否具有科学性,还取决于作者的理论基础和专业知识是否扎实。写作毕业论文是在前人成就的基础上,运用前人提出的科学理论去探索新的问题。因此,必须准确地理解和掌握前人的理论,具有丰富而坚实的知识基础。如果对毕业论文所涉及领域中的科学成果一无所知,那就根本不可能写出有价值的论文。

2.观点要创新

毕业论文的创新是其价值所在。文章的创新性,一般来说,就是要求不能简单地重复前人的观点,而必须有自己的独立见解。其可以表现为在前人成果的基础上作进一步的研究,有新的发现或提出了新的看法;可以表现为从一个新的角度,把已有的材料或观点重新加以概括和表述;可以对现实生活中的新问题作出科学的说明,提出解决的方案;可以是提出某种新现象、新问题,能引起人们的注意和思考,这也不失为一种创造。

（三）论据翔实，论证严密

1.论据要翔实

一篇优秀的毕业论文仅有一个好的主题和观点是不够的,它还必须要有充分、翔实的论据材料作为支持。旁征博引、多方佐证,所用论据自己持何看法,有主证和旁证。论文中所用的材料应做到言必有据、准确可靠、精确无误。这是毕业论文有别于一般性议论文的明显特点。一般性议论文,作者要证明一个观点,有时只需对一两个论据进行分析就可以了,而毕业论文则必须以大量的论据材料作为自己观点形成的基础和确立的支柱。作者每确立一个观点,必须考虑:用什么材料做主证,用什么材料做旁证;对自己的观点是否会有不同的意见,是否有反面意见,对他人持有的异议应如何进行阐释或反驳。毕业论文要求作者所提出的观点、见解切切实实是属于自己的,而要使自己的观点能够得到别人的承认,就必须有大量的、充分的、有说服力的理由来证实自己观点的正确。

毕业论文的论据要充分,还须运用得当。一篇论文中不可能也没有必要把古今中外的事实事例、精辟论述、实践数据、观察结果、调查成果等全部引用进来,而是要取其必要者,舍弃可有可无者。论据为论点服务,材料的简单堆砌不仅不能强有力地阐述论点,反而给人一种文章拖沓、杂乱无章、不得要领的感觉。因而,在已收集的大量材料中如何选择必要的论据显得十分重要。一般来说,要注意论据的新颖性、典型性、代表性,更重要的是考虑其能否有力地阐述观点。

毕业论文中引用的材料和数据,必须正确可靠,经得起推敲和验证,即论据的正确性。其具体要求是,所引用的材料必须经过反复证实。第一手材料要公正,要反复核实,要去掉个人的好恶和想当然的推想,保留其客观的真实。第二手材料要追根问底,查明原始出处,并深领其意,而不得断章取义。引用别人的材料是为自己的论证服务,而不是作为篇章的点缀。在引用他人材料时,需要下一番功夫筛选、鉴别,做到准确无误。撰写毕业论文,应尽量多引用自己的实践数据、调查结果等作为佐证。如果文章论证的内容是作者自己亲身实践所得出的结果,那么文章价值就会增加。当然,对于掌握知识有限、实践机会较少的大学生来讲,在初次进行科学研究中难免重复别人的劳动,毕业论文中较多地引用别人的实践结果、数据等,在所难免。但如果全篇文章的内容均是间接得来的东西的组合,很少有自己亲自动手得到的东西,那也就完全失去了写作毕业论文的意义。

2.论证要严密

论证是用论据证明论点的方法和过程。论证要严密、富有逻辑性,作者提出问题、分析问题和解决问题,要符合客观事物的发展规律,全篇论文形成一个有机的整体,使判断与推理言之有序,天衣无缝。这样才能使文章具有说服力。从文章全局来说,作者提出问题、分析问题和解决问题,要符合客观事物的规律,符合人们对客观事物认识的程序,使人们的逻辑程序和认识程序统一起来,全篇形成一个逻辑整体。从局部来说,对于某一问题的分析、某一现象的解释,要体现出较为完整的概念、判断、推理的过程。

毕业论文以逻辑思维为主,大量运用科学的语体,通过概念、判断、推理来反映事物的本质或规律,从已知推测未知,各种毕业论文都是采用这种思维形式。社会科学论文往往是用已知的事实,采取归纳推理的形式,求得对未知的认识。要使论证严密,富有逻辑性,必须做到:概念判断准确,这是逻辑推理的前提;要有层次、有条理地阐明对客观事物的认识过程;要以论为纲,虚实结合,反映出从"实"到"虚"、从"事"到"理",即由感性认识上升到理性认识的飞跃过程。

此外,撰写毕业论文还应注意文体式样的明确性、规范性。学术论文、调查报告、科普读物、可行性报告、宣传提纲等都各有自己的特点,在写作方法上不能互相混同。至于一篇毕业论文究竟要多少字数,不同学历层次、不同学校有不同的规定。一般说来,高职院校毕业论文的篇幅以 3 000 ~ 5 000 字为宜。

第三节　毕业论文撰写的要求

一、语言要求

语言是人类社会中人们互相约定的交流思想的符号系统,是作者用来表现思想感情的材料和工具。所以,作为毕业论文形式方面的构成因素之一的语言是毕业论文赖以探讨或解决本专业某一基本问题的唯一工具。毕业论文写作中的选题、取材、构思、技巧等,都必须通过语言来体现、完成。语言表达的水平直接影响毕业论文的表现力和感染力。只有了解语言的特点,并且有比较丰富的语言储备,才能写好毕业论文。语言的表达效果,直接关系着论文的质量。因此,过好语言关,也是写好毕业论文的重要一环。

各类文章尽管文体不同,各具特点,但对语言表达的基本要求是共同的,就是准确、简练、生动。毕业论文的造句要合乎语法规则,语言表达要准确、科学、简洁、明快、生动、形象。

(一)造句要合乎语法规则

毕业论文的语言最基本的就是遣词造句的问题。如果造句能够文从字顺、各司其职,那么论文的语言就达到最起码的要求了。造句时要注意:一是句子成分要完整;二是词语要搭配得当,词序要有条理;三是事理要合乎规则。有些句子,从语法形式上看,成分不缺,搭配也得当,但仍不准确,其原因是反映的事理不合逻辑,不合思维规则。

(二)语言要准确、科学

撰写毕业论文要求语言准确。准确就是要符合客观实际情况,做到没有差错。且毕业论文中的用词,造句必须恰如其分地反映事物的本来面貌,并能如实地表达作者的意图和思想感情。

(三)语言要简洁、明快

遣词造句要干净利落、简练明了。用尽可能少的文字表达尽可能丰富的内容,做到"文约而事丰,言简而意赅"。即要做到:一是思想明确,深刻认识事物的本质。有些毕业论文语言不精,常常是作者对内容理解不深所致,并不完全是技巧问题。所以,要提高语言的精炼度,必须首先锻炼思想,培养自己的认识能力,善于分析,抓住问题的症结所在,这样,写出的文字,才能以一当十、简洁凝练。因此我们在写毕业论文时,必须开门见山,在论文开头就鲜明地提出自己的观点,不必拐弯抹角,先讲一大堆废话。论文的结尾也应适可而止,果断利落。二是提取最精粹的词语。写作的艺术就是提炼的艺术,若要使语言简练,最要紧的是尽量节约用字。少用字,同时还要把意思表达完善,就必须在写作时注意选择提取那些经过千锤百炼的最精粹的词语。这个提炼工作,一般可以从以下几个方面入手:

第一,清晰明快。毕业论文不是使人欣赏回味的艺术品,为了使读者很容易了解自己想要说明的内容,毕业论文的语言还必须直截了当、清晰明快,而不采用任何含蓄的、可能产生歧义的写法。叙述要开门见山,不兜圈子,一下就接触到问题的实质。要按内容的逻辑关系安排文章的结构,并合理使用图、表、符号、公式等,以增加文章的清晰性。在论文中,能少说一句话就少说一句,能少用一个字就少用一个。同样的内容,用很少的文字就可以表达出来,不仅节约用字,使语言更加简练,还会使文章避免平铺直叙,富有艺术魅力。

第二,删繁就简。把一切与表达主题不太相干的多余部分删去,特别是那些不必要的重复和解释。

此外,写作时还要训练自己的思维,培养自己认识问题、分析问题的能力,抓住事物的本质。本质抓住了,其他问题就迎刃而解了。在内容、材料精心剪裁的基础上,要会运用简省的表达方法(如充分利用图、表等),把毕业论文写得"言简意赅"。

总之,强调语言要精练,是以能否清楚地表达思想为准。毕业论文该长则长、该短则短。从实际出发,在准确、全面、深刻地表达自己的观点和见解的基础上,力争做到语言简练。

(四)语言要生动、形象

毕业论文在观点正确、鲜明,语言准确、简练的基础上,还要力求做到语言生动,让人读起来不枯燥乏味。如老舍先生在《关于文学的语言问题》里说："我们的最好的思想、最深厚的感情，只能被最美妙的语言表达出来。若是表达不出，谁能知道那思想与感情是怎样的好呢?"因此要把毕业论文写好，除了语言要表述准确、简练，还要生动、感人。

为使毕业论文的语言表述准确、生动、感人，需要做好以下几点：

1. 要使用形象化的语言

学术论文的特点之一，是语言的抽象性。但是任何抽象的概念都来自具体的事实。如果我们在写作时，能把理论的概括同形象的描述恰当地结合起来，就会有助于深刻地揭示事物的本质，并使理论易于为人们理解和接受。例如，毛泽东同志在写"党八股"的罪状(之五)时，就直接用"甲乙丙丁，开中药铺"来形象概括；写党内团结和同志间互助的必要性，则用"荷花虽好，还要绿叶扶持"等生动语言来形象说明，把深刻的道理写得明晓易懂、生动活泼。

2. 用词要新

我们在用词时，应当苛求新意，努力使语言新鲜、生动些。如果人云亦云，拾人牙慧，总是在老套子里打转，语言就不会生动。要不断挖掘和发现词语中新的含义、新的用法，即不断发现事物的新意，并给这些事物以最准确、贴切、新鲜的表现。例如，著名作家王蒙写"事实"："事实就是宇宙，就像地球、华山、黄河、水、土、氢、氧、钛、铀一样，既不像想象的那样温柔，也不像想象的那么冷酷。"这一连串的比喻就比"铁一般的事实不容置辩"一类句子新鲜有趣得多。

3. 要使用多样化的语言

毕业论文的选词和造句，都要有适当的变化，切忌反复使用，这也是语言生动的一个重要条件。若能按照主题的需要把叙述、议论、设问、比喻、举例、解释等交叉起来使用，相错成文，这样，文章就会显得变化多，读起来有兴味、庄谐并作、语态潇洒、雅俗结合、内容丰富、生动有趣。

4. 要重修辞

修辞的主要目的之一就是把文章写得生动活泼。在行文中，总是一种句式，缺乏变化，难免使语言平庸单调。应当学会根据文章体裁的特点和表现主题的需要，运用多种修辞手段，使句子的表现方式丰富多彩，增加语言的生动性。用修辞和其他形式使句式富于变化的方法很多，诸如层递、反复、对照、拈连、叠字、倒装等。另外，在论文中，如能把语言声调的平仄、句式的长短、语气的缓急灵活地搭配起来，适当地交错使用，就可以产生一种节奏感，读来朗朗上口、抑扬顿挫、节奏鲜明，发挥出语言在形式上的强大表现力。另外，如果我们运用一些排比、对偶等句式把语句搞得长短适度，大体相称，语言在音节的和谐上就又增加了一分美。

二、毕业论文的逻辑要求

（一）论文与逻辑

一篇毕业论文，如同其他文章一样，应当是内容和形式的统一。内容是指主题和材料，形式是指逻辑结构和语言表达。论文的内容虽然起决定作用，但论文的形式也不是消极、被动的，事实上起着重要作用。我们知道，人们要思考，就要使用概念、判断、推理等思维形式，这些思维形式既是人类用来反映客观现实的手段，又是构筑论文的基本材料，只有掌握了这些思维形式及其有关的逻辑要求，才能写出具有逻辑、有特色的毕业论文来。因此，我们在撰写毕业论文的过程中，应当遵守逻辑的基本规律，自觉地将这些基本规律贯穿于写作的各个环节和整篇论文当中。具体说来，其要注意以下几个问题：第一，论文内容符合客观实际，能够令人信服。第二，概念明确，判断恰当，推理连贯。第三，论文的内容之间有着密切的联系，全篇论文形成统一的整体。在这里，重点谈谈第三点，即论文内容之间的逻辑联系。

在毕业论文的逻辑中，论文内容之间的逻辑联系，占有重要地位。它既是作者思维逻辑联系的具体表现，又是作者所论述的客观事物的逻辑联系的具体表现，它对增强论文的逻辑效果和说服力，有着重要的作用。

（二）论文内容之间的逻辑联系

论文之间的逻辑联系，亦即论文所反映的事物和事理的整体及其各部分之间的联系方式，主要表现为纵向逻辑联系和横向逻辑联系，两者又相互交织，表现在论文的逻辑结构上就是纵式结构、横式结构、合式结构三种形式。

1. 纵式结构

所谓纵向逻辑联系，是指总论点、分论点和小论点等之间的逻辑顺序。论文内容之间的纵向逻辑联系，具体表现为论文的纵式结构，其特点在于论文的思想体系是纵向展开的。毛泽东同志指出："写文章要讲逻辑。就是注意整篇文章，整篇讲话的结构，开头、中间、尾巴要有一种关系，要有一种内部的联系，不要互相冲突。"只有恰当地处理论文内容的纵向逻辑联系，才可能使论文有严谨的结构。

一篇论文为了阐述总论点，要列出几个分论点，每个分论点扩展为一个部分，各个分论点之间，各个部分之间，应有内在联系。每个分论点又分为几个小论点，每个小论点又扩展为一段，各个小论点之间，各个段之间，也应有内在联系。这样，全篇论文的纵向逻辑联系便体现出来了，并且相应地形成了论文的完整体系和严谨结构。

2. 横式结构

所谓横向逻辑联系，是指论点和论据，观点和材料之间的逻辑联系。论文内容之间的横向逻辑联系具体表现为论文的横式结构。在一篇论文中只有总论点才单纯地作为论点或观点存在,而分论点和小论点却有双重"身份",或者作为论点或观点存在,或者作为论据和材料存在。至于用来说明小论点的材料,则只能有材料或论据一重"身份"了。论文要做到有很强的说服力,富有逻辑力量,最重要的是论点明确、论据充分、论证严密,揭示论点和论据的必然联系。首先,只有把总论点和材料有机地结合起来,论文才有生命力,才能收到很好的效果。其次,还要处理好分论点和材料的关系,以及小论点和材料的关系,这不仅能直接证明分论点或小论点,而且能间接地为突出总论点服务。

3. 合式结构

论文内容之间的逻辑联系是纵向、横向穿插进行,交织在一起的。其具体表现为论文的纵、横式结构,简称合式结构。这种结构的论文,有的以纵向展开为主,有的以横向展开为主。

(三)运用逻辑方法

要正确处理毕业论文内容之间的逻辑联系,增强论文的逻辑力量,必须学会运用逻辑思维方法。逻辑思维方法是一个整体,它是由一系列既相区别又相联系的方法所组成的,其中主要包括归纳和演绎的方法、分析和综合的方法、从具体到抽象和从抽象上升到具体的方法、逻辑和历史统一的方法。逻辑思维方法不仅是论文写作中内容安排和逻辑论证的方法,而且是进行科学研究的方法。

1. 归纳和演绎的方法

归纳是由个别到一般的思维方法,即由若干个别事例推出一个一般性的结论,或用若干个别的判断作论据来证明一个论点或论题。要从事实材料中找到事物的一般本质或规律就要应用归纳法。它是我们写论文时经常用到的一种逻辑方法。演绎与归纳相反,它是由一般到个别的思维方法,即用已知的一般道理作为论据来证明一个个别性的论点。比如,我们用理论指导调查研究,以及用经典作家的一句话来论证一个观点,用的就是这种方法。

2. 分析和综合的方法

分析是把事物分解为各个属性、部分和方面,对它们分别研究和表述的思维方法。综合是把分解开来的各个属性、部分和方面再综合起来进行研究和表述的思维方法。在毕业论文写作的过程中,无论研究和表述总论点,还是研究和表述分论点,都时常运用分析和综合的方法。例如,毛泽东同志的《中国社会各阶级的分析》一文中开头先提出问题,革命的首要问题是分辨敌、我、友问题;中间,逐个分析组成中国社会整体的各个阶级;结尾,综合以上分析,解决问题,回答开头提出的中国革命的敌、我、友问题。

3. 从具体到抽象和从抽象上升到具体的方法

从具体到抽象,是从社会经济现象的具体表象出发,经过分析和研究,形成抽象的概念和范畴的思维方法。从抽象上升到具体,是按照从抽象范畴到具体范畴的顺序,把社会经济关系的总体从理论上具体再现出来的思维方法。在毕业论文的写作过程中,从总体上说,也要运用从具体到抽象和从抽象上升到具体的方法,即在占有资料的基础上,经过分析研究,找出论点论据,在头脑中大体形成论文的体系,然后按照从抽象上升到具体的顺序,一部分一部分地把论文写出来。当然,有的论文也不一定采取此种方法。

4.逻辑和历史统一的方法

从抽象上升到具体的方法,就是逻辑的方法。所谓历史的方法,就是按照事物发展的历史进程来表述的方法。逻辑的发展过程是历史的发展过程在理论上的再现。不过,一篇论文从总体上运用逻辑和历史统一的方法是不多见的,但在经济学专著和教科书中往往在总体上运用这种方法。

应当指出,上述各种逻辑方法都是唯物辩证法在思维过程中的具体表现,在写毕业论文的过程中往往需要综合地加以运用。

三、论点与论据

(一)毕业论文论点的确立

文章的论点表明作者对某一事物的看法和态度,是作者的立场和世界观的直接反映。毫无疑问,任何一篇论文都必须有论点。论文价值的大小首先要看其论点是否正确,所以确立论点是毕业论文写作的关键。论文的论点是从对材料的分析、研究中产生的;不能先定论点,后找适合证明论点的材料。论点的形成,就是对材料进行整理、分析、概括、提炼的过程。有人认为提出论点是在收集材料之前,这往往表现为毕业论文撰写的第一步是确定毕业论文的题目。而实际情况是最早确定的一般都是选题的方向,比如,选定的是关于企业管理方面的题目,选定的是关于建立现代企业制度的题目,等等。最后确定具体题目,则是在经过一番调查研究之后。有的学生确实是一开始就确定了具体题目,他之所以有这个把握或下这一决心是建立在已掌握了一定材料的基础上。

作为一篇毕业论文,其论点应当在一定程度上反映某种事物的规律性,而这种规律性的认识又只能在对大量材料的分析过程中逐渐形成。因此,确立论文的论点,必须从分析材料入手,关于这个过程,毛泽东同志有过以下精辟的论述:"要完全地反映整个的事物,反映事物的本质,反映事物的内部规律性,就必须经过思考作用,将丰富的感觉材料加以去粗取精、去伪存真、由此及彼、由表及里的改造制作工夫,造成概念和理论的系统,就必须从感性认识跃进到理性认识。"

这里,首先是"去粗取精、去伪存真",也就是要对所掌握的材料加以鉴别,弄清它所反映的是真相,还是假象;是个别现象,还是普遍现象;是事物的主流,还是事物的支流。

只有经过这样仔细的鉴别,弄清事物的本来面目,才会有真实可靠的论据,才能从中引出正确的结论,形成正确的论点。譬如,在工业企业承包经营责任制的推广处于巅峰时期,有位学生准备写一篇有关承包经营责任制的文章,且决定从其正面作用展开来撰写。但该学生在经过大量的调查、收集大批资料之后,通过"去粗取精、去伪存真",发现了实行承包经营责任制存在的弊端:单纯的放权让利由于没有从根本上改变政府可以左右企业命运的状况,政府与企业之间无休止的讨价还价便不可避免,企业必然具有对政策的依赖性;扩大自主权后,企业如果提高资产营运效率,便可相应增加自有资金和增加职工收入,因而企业又具有参与市场竞争的动机。企业的这种依赖性和利润刺激机制交合在一起,会诱发出种种非合理的企业行为,如追求短期行为、投资需求过旺,等等。于是,这位学生通过对大量材料的分析,得出"承包经营责任制也是有其局限性"的真实结论,这在当时是难能可贵的。

形成正确的论点之后,就要"由此及彼、由表及里",对掌握的材料进行分析、判断、推理,找到事物的内部联系或规律性,形成文章的论点和逻辑体系。所谓理论概括,就是从大量个别的具体材料中找出一般性或普遍性的东西。一般来说,掌握的材料越全面,从中概括出的论点越具有普遍意义。但是,对具体材料进行理论概括,并不是只停留在简单地对具体材料进行整理、归类,因为这只是现象的罗列,还必须深入一步进行分析、判断,找出这些现象的本质,从中得出规律性的认识。只有这样,文章的论点才能确立起来。所以,文章论点的确立,实际上是调查研究的问题,是感性认识上升为理性认识的问题。那种从主观的框框出发,以框框套材料,以材料填框框的主观主义做法是要不得的。

当然,提炼、确立正确的论点不是一件容易的事情,常有以下几种情况:一是材料很多,看了之后,一无所得,表明原来所获材料是"贫矿",提炼不出精华来。遇到这种情况,只有另换方向,进行新的资料收集工作,而已有资料不必急于处理掉,很可能在另一场合有用,可保留下来作为资料储备。二是发现材料很多,信息蕴藏量很大,这就要求你很好地思索,在反复比较中加以选择、提炼,舍去与论题无关的材料,确立一个明确的观点。三是发现自己分析材料得出的论点早已被别人谈过,而且别人阐述得比自己还要高明。遇到这种情况,可以采取以下办法:其一,把别人的精彩意见,经过自己的消化理解,重新构思,用不同的材料,说明自己的观点;其二,改变论述的角度,重新组织材料,形成自己的观点。

从材料的提炼中确立论点要力求正确,并有新的见解。确立的论点,首先要能说服自己,做到有理有据。如果自己都认为不妥当,那就必须赶快重新研究材料,重新提炼。做到论点不但能说服自己,而且能得到别人的肯定,这样论文撰写就有了把握。为此,毕业论文的作者在确立论点的过程中,还要虚心地向导师请教,求得指导。除导师之外,还应得到其他有经验的教师的指导。导师和有经验的教师理论基础厚、思路广、经验多,经过他们的指导可以少走弯路。

（二）确立论点应遵循的原则

1. 科学性原则

科学性，就是要求毕业论文的作者正确地反映客观事物，并揭示其规律。这首先要求论点止确。如果论点不正确，就会使整篇论文归于失败，比如《论中国的农村改革》说："中国的农村改革是中国经济体制改革的决定性环节，农村的改革之路也成为城市改革的必经之路。"这个论点是不正确的，党的十四届五中全会通过的《中共中央关于制定国民经济和社会发展"九五"计划和 2010 年远景目标的建议》中十分明确地指出："把国有企业改革作为经济体制改革的中心环节"，"建立现代企业制度是国有企业改革的方向"。显然，城市改革与农村改革因为所拥有的生产要素状况不同，经济社会环境不同，走的是不同具体形式的改革之路，这也是十分明显的，如果以农村改革的模式来框定城市改革，城市改革是不可能成功的，这也为实践所证实。所以，论点要正确，并不是很容易的，作者必须用辩证唯物主义和历史唯物主义的观点观察问题、分析问题、解决问题，才能提出合乎客观实际的结论。

其次，论点的表达要准确。如果表达不准确，就不能确切地反映客观事物的规律，并且会给读者带来困惑。如《谈谈物业流通的地位和作用》为了强调物业流通的重要地位，提出："物业流通能使价值的转移和价值的增值得以实现。"这就使读者困惑了。众所周知，商业是商品资本的独立化形态，其职能是实现预付资本价值和剩余价值，使商品的转移和价值的增值最终得以实现，而文中所讲的物业流通可以转移价值，并使价值增值得以实现是什么意思呢？实质上，作者的原意是指物业流通中耗费的费用是生产性流通费用，这种生产性流通费用在一个恰当的限度内，其耗费可以转移到商品上，并且可以使其价值增值，为物业流通领域的经营者带来利润。但由于作者表达得不准确，引起了歧义。

2. 客观性原则

客观性与科学性是密切相关的。科学性要求实事求是，客观性要求一切从实际出发。客观性要求对客观事物进行周密的调查研究，然后从中引出符合实际的结论。写毕业论文的常见问题就是带着先入为主的框框去找材料。这是撰写毕业论文的最大忌讳，因为客观事物是极其复杂的，随时可以找到一些例子或个别材料来证实某一论点，但不能反映客观实际。例如，在 20 世纪 70 年代末，家庭联产承包这一农村经营新形式在全国各地出现，对这一新的经营形式如何评价呢？当时，浙江某市的一主管部门领导层对此持否定态度，为证明其论点的正确，专门组织调研班子，奔赴该市各地农村收集由于搞农村家庭联产承包责任制导致集体经济瓦解、农村生产力遭到破坏的材料，确实，当时是可以找到这样的材料的。但由于搞了农村家庭联产承包责任制，使集体经济更为巩固、生产力得到了快速发展的事例却更多。用个别例子得出一个结论、作出一个判断，不完全符合客观实际，只能是错误的判断。列宁说："偏见比无知离真理更远。"因此，撰写毕业论文，必须尊重客观实际，要从实际中去粗取精,得出结论,绝不可凭自己的好恶去捕捉。

3.创新性原则

毕业论文要求作者有自己的见解,要有创新性。所谓创新就是能提出新问题、解决新问题。当然创新不是轻易可以做到的,要填补某一专业的空白,或填补某一专业的某些方面的空白,这是专科、本科学生较难胜任的。因此,毕业生撰写毕业论文其论点要创新,可以从以下两方面考虑:

一是补充性论点。由于人的认识不可能一次性完成,即使一种新观点出现,当时看来是完善的,但随着时间的推移和认识水平的提高,人们总会发现原有观点的不足之处,所以,可以说,绝大部分已有的研究成果都给后世留下了补充性的研究课题。比如,马克思的劳动价值理论是科学的理论,但社会发展到今天,实践提出了服务是否是商品的问题,这正是我们需要补充研究的领域,由此我们可以提出诸如"论邮电商品的价格确定""旅游企业经济效益初探"等具有补充性价值的新论点。

二是匡正性论点。补充性论点是对前人研究成果的肯定与发展,而匡正性论点则是对已有研究成果的否定与纠正。这种匡正性论点包括两个方面:一方面是对通说(即流行的说法或观点)的纠正,另一方面是对新出现的某种观点的不足之处的纠正。比如,曾有一段时间,不少人把企业实行岗位技能工资作为企业唯一的分配形式,而实际上企业情况各不相同,不同的企业需要实行多种形式的分配制度,不能搞"一刀切"。针对这一问题,用"谈谈岗位技能工资的适应性"来论述岗位技能工资的实施也是有其局限性的,就很有意义。

4.价值原则

作者在毕业论文中提出的中心论点一定要具有价值意义。其价值意义表现在两个方面:

一是所确定的中心论点应该与经济社会生活和科学文化事业密切相关,具有很强的现实性。

二是确定的中心论点表面上看似乎没有什么现实意义,或者没有实际用途,但是具有学术价值,甚至不知在什么时候会产生出它不可估量的意义。虽然,作为毕业论文的价值所在多表现在第一类,但不可忽视有少量不可多得的、闪耀着学术价值的毕业论文。

(三)毕业论文的论据使用

写论文必须首先确立中心论点,这个中心论点要贯穿于论文的始终。但是,如果只有中心论点而没有若干与之相联系的从属论点,中心论点就会显得苍白无力,不能令人信服。因此,在确立文章的中心论点之后,还必须形成若干从属论点,通过这些从属论点把中心论点加以展开,使之得到充分的论证和说明。例如,我国已故著名经济学家孙冶方写的《二十年翻两番不仅有政治保证而且有技术经济保证》一文,其中心论点便是文章的标题。为了论证

这个中心论点,文章提出了以下四个从属论点:

第一,根据中华人民共和国成立 30 年的历史经验来看,工农业总产值每年增长 7.2% 的速度并不算高。

第二,实现工农业总产值翻两番(这是当时的提法,作者注)的最直接的技术经济保证,就在于我们已经找到了迅速发展农业和工业的正确道路。

第三,实现工农业年总产值翻两番,最重要的还是靠工业自身的迅速发展。因为工业是大头,其总产值一般占工农业总产值的 70% 左右,而当前发展工业生产的最重要、最现实的措施,是有重点、有步骤地进行技术改造,充分发挥现有企业的作用。

第四,为了加速企业的技术改造,就要提高折旧率,并且原则上还必须把折旧基金归还企业掌握和使用。

文章通过上述四个从属论点,具体、贴切地论证了党的十二大提出的奋斗目标,不仅有政治保证,而且有技术经济保证,是完全能够实现的。

就中心论点来讲,这些从属论点就是其论据,当然,这些从属论点(称为上位论点)还可继续由其他次级从属论点(称为下位论点)来论证,这样次级从属论点就成为这些从属论点的论据了。

在论点与论据的安排中展开论证,这种展开一般有两种形式:

一是纵向排列形式。

中心——上位论点——下位论点——……论点

各论点之间呈逐步深入的递进关系。例如,上例提出二十年翻两番不仅有政治保证而且有技术经济保证这一中心论点,接着提出这一技术经济保证是我们已经找到了迅速发展农业和工业的正确道路这一上位论点,紧接着又提出了走这条道路最重要的是有重点有步骤地进行技术改造,充分发挥现有企业的作用这一下位论点,而要加速企业的技术改造,文章提出要提高折旧率,并将折旧基金留归企业使用。以上论点与论据环环紧扣、步步深入,为中心论点的确立建立了坚实可靠的基础。

二是横向并列形式。

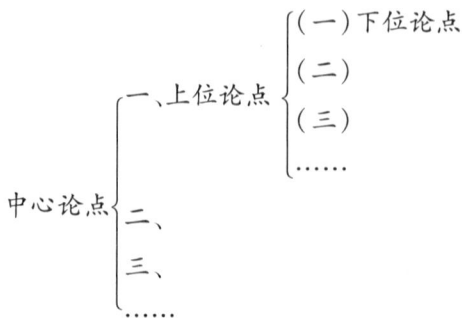

```
                           ┌(一)下位论点
               ┌一、上位论点┤(二)
               │           │(三)
               │           └……
        中心论点┤二、
               │三、
               └……
```

各从属论点呈现横向并列的形式,这些从属论点从事物的不同侧面论证中心论点。例如,毕业论文《加快我国丝绸工业技术进步初探》一文剖析了导致丝绸工业技术落后的主要原因:第一,企业技术进步意识不强;第二,缺乏加快企业技术进步灵活高效的管理体制;第三,技改资金筹措难,企业自我改造、自我发展能力差;第四,尚未建立技术进步的激励机制。这四点就是一种横向并列的关系,它们分别从不同侧面阐述了导致我国丝绸工业技术落后的主要原因。

要使论点正确、深刻、能说服人,作者需要使用确凿有力的论据。确凿有力的论据应当是真实的、典型的、新鲜的、充分的。这在前面已有阐述。

四、论文写作的注意事项

（一）突破神秘，树立信心

撰写毕业论文并不神秘,因此,大学生首先应该有写好毕业论文的信心。经过大学的学习、积累,大学生有了较深厚的专业基础知识,具备了写作论文的基础。要树立信心,争取一个良好的开头。良好的开头就是成功的一半。如果心存"怕"字,就会失去信心和勇气,从而使自己的潜能难以得到有效发挥。因此,写毕业论文之前,树立信心十分必要。

（二）克服"难关"，做到"五勤"

笨鸟先飞,勤能补拙。克服论文"难关"的有效法宝就是"勤"。无论多聪明的人,懒字当头,肯定写不好毕业论文。智力平平而勤快的人,则可以弥补不足,写出内容充实、说理透彻的文章。在论文的整个写作过程中,一定要做到眼勤、耳勤、笔勤、腿勤、脑勤。眼勤以观察,耳勤以听取,笔勤以记写,腿勤以访查,脑勤以思索。只要"五勤"齐全,就可写出好文章。事实上,不少同学写不好论文的主要原因,不是没课题、没资料,也不完全是时间紧、水平低,而是"五勤"不到的问题。

（三）避免急躁，循序渐进

做任何事情,尤其是学习,必须要按照循序渐进的规律进行。朱熹有过这样的治学名言:"未得乎前,则不敢求其后;未通乎此,则不敢志乎彼。"学习是这样,写论文又何尝不是这样呢?

应该肯定,有不少同学在写作论文上有个误解,以为写论文就是马上铺开稿纸,把积在心里的话一下子倾泻到稿纸格子里。当他铺开稿纸,写上几句后,便写不下去了。为什么呢? 就是因为没有按照循序渐进的规律来做。没有前期的准备与积累,就想一下子写出论文,好比想一口吃成胖子,是很难的。论文的写作,一定要按照"选题—集材—研究—写提纲—修改—定稿"的环节进行,形成有序的工作流程。特别是初学写论文的人,更不能超越必经的途径,一下子就把文章写好。

我们只能掌握和运用自然规律,而无法消灭和创造自然规律。在进行论文创作时,一味凭借主观愿望,想求快、求大、求深,往往会陷入"欲速则不达"的窘境。另外,在论文创作中,知识和材料的积累也是这样。平时琐碎的知识和片言只语,积累多了便可汇成知识的大河。所以,从事论文写作,不能贪大求多思快,而是要从点滴做起,一步一个脚印地去走。

论文写作,大致分为三个阶段。第一阶段集材,第二阶段研究、构思,第三阶段写作、修改。美国和日本的一项统计表明,在完成一项科研项目中,用于收集材料的时间占 50.9%,思考、研究的时间占 32.1%,撰写的时间占 9.3%。这一时间安排比例,对毕业论文的写作来说,大致是适宜的。相当一部分同学,对查阅、收集资料没有予以足够的重视,是造成论文写作困难的一个重要原因。只要我们按照学校的教学规章、程序进行,在教师指导下分步骤、合节拍地进展,就会一步步地摸索到研讨的线索,水到渠成,渐入佳境,也就不觉得论文写作有那么难了。

第四节　毕业论文的组织与管理

一、毕业论文的程序

为使毕业论文教学活动规范有序地开展,对毕业论文建立完善的运行程序是完全有必要的。

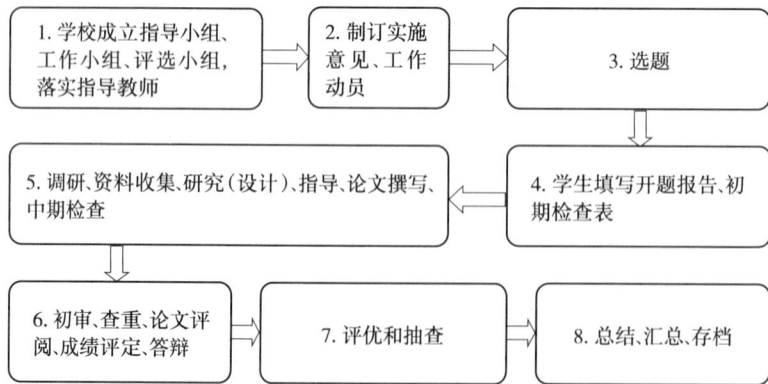

```
1.学校成立指导小组、    2.制订实施
工作小组、评选小组,  → 意见、工作  →    3.选题
落实指导教师            动员

5.调研、资料收集、研究(设计)、指导、论文撰写、  ←  4.学生填写开题报告、初
中期检查                                        期检查表

6.初审、查重、论文评      7.评优和抽查   →  8.总结、汇总、存档
阅、成绩评定、答辩   →
```

毕业论文工作流程

二、毕业论文领导小组的组成及职责

毕业论文工作实行院、系两级管理。学院成立毕业论文工作领导小组,院长为组长,分管教学副院长为副组长,其他副院级领导、教务处处长、各系部负责人、相关行业企业专家为

成员。其主要职责为：

(1)提出全校毕业论文工作的计划并部署实施。

(2)制订毕业论文的各项规定。

(3)协调各系的毕业论文工作。

(4)对各系毕业论文实施过程进行监控，了解工作进程，对各种问题提出处理意见。

(5)对毕业论文具有终审权，处理相关的争议。

(6)提交毕业论文总结报告。

各系成立毕业论文工作小组，系部主任任组长，组织制订系部毕业论文工作实施意见；根据需要，工作小组下按专业设若干毕业论文指导小组，由教研室主任或经工作小组研究决定相关行业、企业专家任组长。其主要职责是：

(1)根据学校毕业论文领导小组提出的工作计划，提出系毕业论文的工作计划。

(2)组织系毕业论文工作的具体实施。

(3)按毕业论文指导教师的聘任制度，提出指导教师的聘任意见，上报校毕业论文领导小组审批。

(4)对毕业论文工作实施全程监管，对出现的问题及时处理。

(5)确定毕业论文的答辩小组，确定主答辩及答辩组成员，报校毕业论文领导小组审批、备案。

(6)组织系毕业论文答辩的实施，安排有关部门做好答辩场地、设备、时间安排。

(7)组织有关人员做好毕业论文的教学档案收集、整理、归档工作。

三、毕业论文指导教师的选聘

（一）毕业论文指导教师的条件

1. 师德方面

(1)坚持正确的政治思想：热爱教师事业，依法施教；重视思想政治教育。

(2)乐于奉献的敬业精神：无私奉献，勤奋工作；教书育人，培养人才。

(3)认真负责的工作态度：严格教学，精益求精；好学上进，开拓进取。

(4)文明廉洁的道德风尚：文明礼貌，道德高尚；遵纪守法，为人师表。

(5)团结协作的集体观念：热爱学校，关心集体；谦虚谨慎，团结协作。

2. 业务方面

(1)专业相关性。高职高专毕业论文一般要求学生根据专业理论知识和技能去解决一线和工作现场的实际问题。这就要求指导教师具有同类专业的相关知识，因此指导教师一般应具有相关专业的学习经历和教学经历。

（2）知识的覆盖性。高职高专毕业论文内容的广泛性就要求指导教师也要有比较广的知识面。在选聘指导教师时应认真考虑，教师对论题的内容是否熟悉，自身是否有扎实的知识功底与应对指导任务。如果这一要求没达到，那么指导教师是难以提出中肯的、建设性的指导意见的。

（3）技术的应用性。高职高专毕业论文的选题一般要求来自实际，并且体现技术应用的特色。这就要求指导教师特别是毕业设计的指导教师，要熟悉理论知识的实际应用背景，具有技术应用的实践能力。

基于这种认识，毕业论文的指导教师还应有相应的学历、职称，并对指导的教学目的、任务、要求及各项规范了解明确，并能认真履行职责。

（二）毕业论文指导教师的职责

（1）指导选题。指导教师应给学生选题指引方向，指出毕业论文的选题原则和方法，指出具体的选题方向或给出某些可供选择的题目。

（2）指导课题调查。指导学生制订课题调查计划，指导学生了解第一手资料和第二手资料，指导学生确定查阅的文献资料，指导学生阅读。

（3）指导课题研究。指导教师应在学生调查所得的资料基础上，启发学生开展研究，介绍研究思路、研究方法，引导学生提炼论点，并引用材料组成论据。

（4）指导毕业论文的撰写。指导学生了解毕业论文的撰写要求、方法、格式及规范标准。

（5）指导学生毕业答辩。指导学生做好答辩的准备，介绍答辩程序与要求，指导答辩提纲编写及答辩技巧。

（6）评定书面成绩。指导教师根据学校下达的评分标准，评定学生毕业论文的书面成绩。

（7）实施指导过程的运行管理。指导教师按照学校规定，对学生参与毕业论文活动全过程进行管理。

第二章 毕业论文的选题

毕业论文写作是从提出问题即从选题开始,选题的过程实际上是毕业论文写作的准备,是与毕业论文材料收集过程相伴而行的。选题确定后就要开展论题研究,主要包括开展调查、实验、试验,分析研究资料,形成自己的观点等;接着是草拟提纲或构思设计,制订方案;最后,写成毕业论文或绘制设计图纸与设计说明书,并修改定稿,这是一个紧密相连、一环紧扣一环的系统工程。爱因斯坦说过,在科学面前,提出问题往往比解决问题更重要,提出问题是解决问题的第一步。正确而又合适的选题,可以起到事半功倍的作用,对毕业论文写作具有重要意义。

第一节 毕业论文选题的特点及原则

一、毕业论文的选题特点

(一)选题是在教师指导下完成的

毕业论文选题作为大学毕业前最后一次作业的第一步,离不开教师的帮助和指导。对于如何进行选题调查、如何根据社会与个人需要以及个人完成毕业论文的现有内外条件来选题,教师都要给予具体的方法论指导。在学生毕业论文选题的过程中,教师要启发引导学生独立进行工作,注意发挥学生的主动创造精神,帮助学生最后确定题目,指定参考文献和调查线索,审定论文提纲,解答疑难问题,指导学生修改论文初稿,等等。学生为了写好毕业论文,必须主动发挥自己的聪明才智,刻苦钻研,独立完成毕业论文的选题与写作任务。

(二)选题专业领域窄

高职高专教育的重要特色之一是针对大学生未来就业岗位的职业需要来构建课程体系,而不是像本科专业教育那样需要形成完整系统的专业理论体系。因此,高职高专学生毕业论文选题所涉及的专业领域小于更高层次的毕业论文选题所涉及的专业领域,更窄于专家学者的选题所涉及的专业领域。

(三)选题难度较低

相对于更高层次的高等教育而言,高职高专教育的学制短,教学重点侧重于学生实践能力与职业技能的培养,至于理论知识,对高职生的要求仅仅是必须与够用而已,因而高职生的理论素养必然不如更高层次的大学生,这决定了高职生毕业论文的选题所能达到的理论高度必然较低,毕业论文与学术论文相比要求比较低。专业人员的学术论文,是指专业人员进行科学研究和表述科研成果而撰写的论文,一般反映某专业领域的最新学术成果,具有较高的学术价值,对科学事业的发展起一定的推动作用。大学生的毕业论文由于受各种条件的限制,在文章的质量方面要求相对低一些。这是因为大学生缺乏写作经验,多数大学生是第一次撰写论文,对撰写论文的知识和技巧知之甚少;多数大学生的科研能力还处在培养形成之中,大学期间主要是学习专业基础理论知识,缺乏运用知识独立进行科学研究的训练;撰写毕业论文受时间限制,一般学校都把毕业论文安排在最后一个学期,实际上停课写毕业论文的时间仅为十周左右,在如此短的时间内要写出高质量的学术论文是比较困难的。当然,这并不排除少数大学生通过自己的平时积累和充分准备写出较高质量的学术论文。

二、毕业论文选题的基本原则

毕业论文选题原则是高职毕业生在选定毕业论文题目时必须遵循的基本准则,只有遵循选题原则,才能确保毕业论文目的的实现。毕业论文选题总的原则是:既要体现专业性,符合社会现实的需要,又要具有一定的学术价值;既能反映事物的客观规律,具有某种创新性,又要具有主客观可行的条件。根据这一总的原则,一般地,在进行毕业论文选题时必须遵循的原则主要有以下几个方面。

(一)选题必须切合所学专业

高职院校毕业学生毕业论文是对所学专业知识运用能力的综合考查,所以毕业论文的选题必须切合本专业,符合专业培养要求。因此,学生也可以在经过指导教师同意后,选择既有现实意义又与自己所学专业紧密结合的课题。但研究的角度、方法,使用的理论知识,最终的落脚点都要与在校学习期间的专业相关。只有如此,由选题所决定的毕业论文才能考查学生运用在校所学理论知识发现、分析、解决实际问题的能力,如果学生所选论文题目超出自己所属专业范围,则无法对学生所学的基础理论与专业知识进行考查。只有选择所学专业范围内的课题,学生才有相应的知识储备,也有利于学生毕业论文的顺利写作与答辩的顺利通过;同时,在此基础上也要充分考虑学生自身的特长和兴趣。应当看到,大学生的学识水平是有差距的。有的可能在面上广博些,有的可能在某一方面有较深的钻研,有的可能在这一方面高人一筹,而在另一方面则较为逊色。在选题时,要尽可能选择那些能发挥自己的专长,学有所得、学有所感的题材;同时,还要考虑到自己的兴趣和爱好。兴趣深厚,研究的欲望就强烈,内在的动力和写作情绪就高,成功的可能性也就越大。

(二)客观性原则

所谓客观性,主要是指要客观地把握自己写作毕业论文的能力。也就是说,选题的方向、大小、难易都应与自己的知识积累、分析问题和解决问题的能力以及写作经验相适应,要对自己有一个客观性的估计。首先,要充分估计到自己的知识储备情况和分析问题的能力。因为知识和能力的积累是一个较长的过程,不可能靠一次毕业论文的写作就会突飞猛进,所以选题时要量力而行,客观地分析和估计自己的能力。

(三)新颖性原则

选题的新颖性是文章的灵魂所在。所谓新颖,即在论文中表现了自己的新看法、新见解、新观点,或在某一方面、某一点上能给人以新的启迪。新颖性是论文的生命所在,是论文存在的价值。对新颖性可以从以下几个方面把握:第一,从选题、观点到材料,直至论证方法,全是新的。这类论文写作难度大。第二,以新的材料论证旧的课题,从而提出新的或部分新的观点、新的看法。第三,以新的角度或新的研究方法重做已有的课题,从而得出全部或部分新观点。第四,对已有的观点、材料、研究方法提出质疑,虽然没有提出自己新的看法,但能够启发人们重新思考问题。

(四)选题的可行性

毕业论文选题决定论文的深度与广度,影响毕业论文的写作与答辩。选题所确定的论文深度、广度与难度必须在自己的能力范围内。毕业论文选题,必须注重自身条件与毕业论文的适应性,也就是选题的方向、大小、难易都应与自己的知识积累、分析问题和解决问题的能力相适应。如果作者选择了一个兼有新意与现实意义的选题,却缺乏研究基础条件,又不感兴趣,结果是难以写出有质量的毕业论文的。因此,大学生在选题时,既要考虑客观上的适用性和创新性,也要考虑主观上的适应性。具体而言,选题的可行性原则要求我们在选题时,必须基于以下四个方面的条件。

1. 必须与自身知识与能力的储备相匹配

一个人的知识和能力的积累有一个较长的过程,不可能靠一次毕业论文的写作就能突飞猛进。因此,选题时要客观地分析并估计自己的知识和能力,做到量力而行。如果储备的知识多,有一定的理论基础,又有较强的分析综合、抽象概括的能力,那就可以选择难度大一些、内容复杂一些的选题。给自己定下的标准略高一些,有利于锻炼自己的写作能力,提高论文写作水平。如果知识储备情况还可以,但缺乏较强的分析概括能力,自己觉得综合分析一个大问题比较吃力,那么选题的难度就要定得低一些,选题就应定得小一些,便于集中力量抓住重点,把某一问题说深、说透。如果毕业论文选题难度超出自己所能承担的范围,一旦盲目动笔,很容易陷入中途写不下去的被动境地,到头来再另起炉灶,更换选题,不仅会造成时间和精力的浪费,而且也容易使自己失去写好论文的信心。有人虽然知识储备多,但对所选特定选题的知识却很欠缺,那么他的知识结构对于这一特定选题的研究来说,则是不合理、不适应的,就不应该选取这一选题。如果你的知识和能力都有所欠缺的话,那么,选题就要考虑难易适中、大小适度。选题太大,把握不住;太难,无法深入下去。当然,太容易,也不能反映出作者的真实水平,也达不到撰写毕业论文的目的。

2. 必须同自身的特长与兴趣相适应

爱因斯坦说过,兴趣是最好的老师。兴趣是指人对客观事物的选择性态度,是一个人积极探究某种事物的认识倾向。兴趣在科学研究中,往往表现为一个人对其有兴趣的课题的百折不挠的探求精神。通过几年的学习,大学生除广泛涉猎本专业知识外,还会对本专业领域中的某一问题产生兴趣,有的甚至是浓厚的兴趣,这就为选择怎样的选题提供了一个前提。因为,作者对某一专业领域中的某一问题有浓厚兴趣,对这一方面的选题就容易产生强烈的研究愿望,内在的动力和写作情绪就高,成功的可能性也就越大。

毕业论文的选题要充分考虑自己的特长。客观上,大学生的学识水平是有差距的。有的可能在面上广博些,有的可能在某一方面有较深的钻研,有的可能在这一方面高人一筹,而在另一方面则较为逊色。在选题时,要尽可能选择那些能发挥自己的专长,学有所得、学有所感的。所以学生应根据自己的专长和兴趣,去寻觅、捕捉适合自己专长的选题,并在此基础上集中精力,发挥专长,写出高质量的毕业论文来。大学生第一次写毕业论文,对哪些问题感兴趣并不是十分明显,但总有可能在某方面有较深的钻研,总会有自己的研究兴趣。

可见,大学生毕业论文的选题,必须全面考虑主客观条件,从自己的理论基础、专业知识结构、研究能力、材料收集的难易程度等方面通盘考虑。不能选择自己不感兴趣、与自己知识储备无关、没法全面获得资料的选题。尽可能使选题难度偏大一点,因为这样的选题可促使自己狠下苦功,全面调动自己的知识储备和各种能力,从而达到全面检测自己所学知识、运用知识和各种能力的目的。

3. 毕业论文选题必须基于充足的资料与已有研究成果

资料是论文写作的基础,没有资料或资料不足就写不成论文,即使勉强写出来,也缺乏说服力。因此,选题必须要考虑是否有利于论文写作中所需要的资料收集。资料又可分为第一手资料和第二手资料。第一手资料是指作者亲自考察获得的,包括各种观察数据、调查所得等。第二手资料的主要来源是图书馆和资料室的文献资料。二是要了解选题的研究动态和研究成果,大致掌握写作中可能遇到的困难,以避免盲目性和无效劳动。要注意在已有的研究成果中寻找薄弱环节,即他人研究中存在的疑点、漏洞或空白。有疑点、漏洞的问题,不少是重要的学术论题,以此作为研究的突破口,在理论上修正、补充或丰富已有的结论。只要做到了知己知彼,就能选择一个比较合适的毕业论文选题。譬如,学经济专业的,写"经济体制改革和经济发展"方面的论文,写社会主义市场经济、企业产权制度的改革、建立现代企业制度、经济管理、企业管理、市场体系、社会主义市场竞争、流通体制改革、营销、物流、价格体系、对外开放、对外贸易、城镇建设、劳务经济、新农村建设、农民问题、农业问题、土地问题、乡镇企业问题、加强村级组织建设问题等,较容易写到时代的重点问题、热点问题上。

4.应基于必要的物质条件与时间条件

毕业论文的选题必须考虑研究经费、实验场所(地)、仪器、设备、检测手段和充足的时间等条件上的可行性。不能不顾及条件,盲目上马。选题不宜过大,涉及范围不宜过宽,否则,难度太大,不易完成。

(五)选题的适度性

毕业论文的选题要难易适度,如果选题难度过大,即使勉强定题,也必然会出现顾此失彼、举步维艰、久攻不下,只能半途而废的情况。初写论文者在选题上最易犯的毛病是贪大求全,以为选题越大越有分量。追求大选题,要求全面论述一个问题,但往往由于知识和能力的不足,无法全面顾及、精细入微,很容易捉襟见肘、蜻蜓点水,道理论述不全不深,问题也解决不了。相反,若能选定本专业领域中的一个关键问题,即使是小问题,深入展开,从各方面把它说深说透,有独到的见解,把问题解决了,那么这篇论文就是很有分量的。所以,毕业论文的选题应当尽量具体一些、范围小一些,而对问题的分析,则要力求深透,富于远见卓识。一般来说,小题可以大做,大题也可以小做,在选题上宁可小题大做,不可大题小做。要选好毕业论文的选题,把握"难易适中"的原则是很重要的。

首先,选题的难易要适中。选题既要有"知难而进"的勇气和信心,又要做到"量力而行"。其次,选题的大小要适度。一般来说宜小不宜大,宜窄不宜宽。选题太大把握不住,论题难以深入细致,容易泛泛而论。因为大选题需要掌握大量的材料,不仅要有局部的,还要有全局性的,不仅要有某一方面的,还要有综合性的。而写作毕业论文的时间有限,要在短时间内完成大量的资料收集工作是比较困难的。另外,大学的几年学习,对学生来讲还只是掌握了一些基本理论,而要独立地研究和分析一些大问题,还显得理论准备不足。再加上缺乏写作经验,对大量的材料的处理也往往驾驭不了,容易造成材料堆积或过于散乱,写得一般化。选定小选题,有两种方式,一是直接选个小选题,二是在大选题中选定小的论证角度。比如,有这样三个题目:《论农民工权益的保障》《论农民工经济权益的保障》《论农民工经济补偿权的保障》。第一个题目显然太大,因为农民工权益包含的内容十分广泛,有政治权利、文化教育权益、劳动权益、财产权益、人身权益、婚姻家庭权益等。一篇文章如果要涉及这么多的内容,是不容易写好的。第二个题目比起第一个来要小一些,但经济权益包含的内容仍较复杂,如劳动报酬权、社会保险权、劳动保护权、职业危害防护权、经济补偿权等,作为毕业论文写起来还是太大。第三个题目抓住了农民工经济权益中的经济补偿权这一侧面,范围较小,针对性强,容易深入研究。

毕业论文的选题要具体些、小些,但也要注意不能把范围限得太小太具体,以致失去典型意义或使理论水平发挥不出来;同时,范围太小也会对写作毕业论文的目的如期实现产生不利影响。例如,《刍议××公司推销员的岗位责任制》,这样的题目写个意见书就足够了,如硬要写论文,意义也不大。

第二节　毕业论文选题的意义及作用

科学合理的选题,对于发现与挖掘现实问题、明确研究对象、提高论文价值、充分运用所学知识、展示自身才华与能力、确保论文写作顺利完成等都有重要的作用。

一、选题为提高毕业论文质量提供了保证

影响毕业论文质量的因素有很多,其中离不开调动人的主观能动性。毕业论文的题目无论是学生自己拟订的,还是在老师的指导下选择的,或是经院(系、所、教研室)下达的,都离不开一个"选"字,都需要学生充分发挥自己的主观能动性,经过反复思考,相互比较后才能确定下来。自己选择的题目会更好地鼓舞激励自己,这样由对选题的最初认识到以后的不断发展,从感性认识升华到理性认识,最终才会获得一篇较好的毕业论文。

二、选题有利于充分发挥学生的特长

学生根据个人实际情况选题,有利于扬长补短,弥补某个方面知识和技能储备不足的缺陷,并且做到有针对性、高效率地获取相关知识,利于早出成果。在一定意义上来说,选题规划了毕业论文写作的蓝图,确定了毕业论文的研究角度和规模,决定了毕业论文写作的最终质量。

三、选题有助于挖掘现实问题

毕业论文选题是毕业生在写作论文前、充分占有研究资料(包括实验观察、调查所得等客观材料)的基础上,根据社会与个人需要以及完成毕业论文所具备的现有内外条件,在相应专业领域中选定研究方向、研究范围及其研究论证的具体问题的过程。在这个创造性的

思维过程中,学生能发现研究资料中所蕴含的社会经济现象同社会需要的理想状态之间所存在的矛盾与差距,而这些矛盾与差距就是现实社会中需要解决的问题,其中不乏大量亟待解决的冷门问题、重点问题、焦点问题、热点问题与难点问题,进而引起人们对这些问题的关注与探索。由此可知,科学合理的毕业论文选题有利于发现现实社会中的各种问题,从而为分析与解决问题奠定基础。

四、选题有助于明确研究对象

学生毕业论文的选题不仅仅是选定研究的课题、论题,更为主要的是选定毕业论文的文题或者说论文的标题,也就是要明确学生在文章中要加以论证解决的具体问题。而"要加以论证解决的具体问题"一旦确定,那么论文的研究对象也就明确了。比如,某学生所选毕业论文的文题是《论××林业结构优化的制约因素》,据文题可知,其研究对象应该是影响××林业结构优化的各种制约因素(如观念因素、制度因素、政策因素、市场因素、自然因素、生产力因素)及这些因素对××林业结构优化的制约机制。

五、合理选题使毕业论文具备其应有的价值

事物的价值是指该事物对社会、对自然有用性的大小或者说是该事物对社会需要的满足程度。某事物对社会、对自然的有用性越大,那么该事物的价值就越大。由于毕业论文的合理选题是学生根据毕业论文的完成条件选择经济社会所关注的必须解决的问题,这就决定了合理选题必然使毕业论文具有相应的社会价值和自然价值。

毕业论文的价值最终要由文章的最后完成情况和客观效用来评定。但选题对二者有重要的决定性影响。选题不仅仅是给论文定个题目和简单地规定研究方向与研究范围,而且是初步进行科学研究的创造性思维活动。合理选定毕业论文题目,需要学生广泛收集资料、创造性地思索、比较现实与理想、反复推敲、精心组织策划。题目一经选定,也就表明作者头脑里已经大致形成了论文的轮廓。正如我国著名哲学家张世英所说:"能提出像样的问题,不是一件容易的事,却是一件很重要的事。说它不容易,是因为提出问题本身就需要研究;一个不研究某一行道的人,不可能提出某一行道的问题。也正因为要经过一个研究过程才能提出一个像样的问题,所以我们也可以说,问题提得像样了,这篇论文的内容和价值也就很有几分了。这就是选题的重要性之所在。"(转引自王力、朱光潜等著《怎样写学术论文》)论文的选题有意义,写出来的论文才有价值;如果选定的题目毫无意义,即使论题鲜明、论据有力、论证严密、结构严谨、层次分明、条理清晰、措辞准确、语法规范,也不会有什么有利作用。

比如,毕业论文的合理选题为《论××林业结构优化的制约因素》,并且就此写成一篇优秀论文,对其中的制约因素及其对林业结构优化的制约机制进行了科学分析,那么,这论文

就能填补些许研究空白,同时将该论文的研究结论作为政府制定和实施相应政策的理论依据,就使该论文具有了生产力价值、经济价值、社会价值、生态价值,而这些皆因合理选题所致。

六、合理选题有助于初定论文轮廓

在选题调查的过程中,随着资料的积累,思维的渐进深入,会有各种各样的观点想法泉涌而出。但是,这些观点想法尚处于分散零乱的状态,还难以确定它们对论文主题是否有用和用处之大小。因此,对它们必须有一个鉴别、选择、整理、集中的过程。从对个别事物的个别认识上升到对一类事物的共性认识,从对象的具体分析中寻找彼此间的差异和联系,从输入大脑的众多信息中提炼,形成属于自己的观点,并使其确定下来。正是通过从个别到一般、分析与综合、归纳与演绎相结合的逻辑思维过程,使写作方向在作者的头脑中产生并逐渐明晰起来,毕业论文的框架结构、论题、论点、论据、论证、研究角度、思路、论文的大致规模也就有了一个初步轮廓。

七、合理选题可有效强化知识储备

合理的论文选题取决于选题所决定的论文的社会价值与学生完成论文所必需的主客观条件。我们在按社会价值标准选择论文选题时,常常发现所选论文选题的确符合社会价值标准,但是论文选题却超出自己的知识储备。对于超出自身知识储备而富有社会价值的选题不应该是放弃,而是有针对、有选择地弥补知识储备的不足,这就可以有效避免在没有进行论文写作时的那种漫无目标的盲目学习,进而高效率地获取知识,快出成果,早出成果。就初写论文的高职毕业生而言,在知识总量相对较少、知识结构相对单一、知识面相对狭窄、理论水平相对较低的情况下,围绕论文选题,对准研究目标,直接进入研究过程,就可以根据研究的需要来补充、收集有关的资料,有针对性地弥补知识储备的不足,这种选题的过程,也成了学习新知识,拓宽知识面,加深对问题理解的好时机。

八、合理选题确保写作顺利,提高研究能力

毕业论文选题合理与否的重要标准之一是:论文选题是否同毕业生现有内外写作条件相匹配。如果论文选题同毕业生自身现有的内外写作条件相匹配,那么,学生就能较为顺利地完成毕业论文的写作。反之,论文选题过于容易,不能很好地锻炼科学研究的能力,达不到写作毕业论文的目的。如果毕业论文选题过大或过难,论文选题所要求的论文写作条件高于毕业生自身现有的内外写作条件,那么,论文的写作就会不可避免地遇到障碍。当然,辩证地看,这也是一个再学习与提高自身研究能力的好机会。

研究能力是一个人将自己所学知识、原理、理论等外化为科研成果的主观条件。一个人

科研能力的终极表现为其所拥有的知识等外化为科研成果的效率的高低和效果的优劣。知识的丰富并不一定表明其研究能力就很强。知识并不等于能力,研究能力不会自发产生,必须在使用知识的实践中,即科学研究的实践中,自觉地加以培养和锻炼才能获得和提高。选题有利于提高研究能力。合理选题,能对所研究的问题由感性认识上升到理性认识,使之条理化与初步系统化;合理选题,对这一问题的历史和现状进行研究,找出症结与关键,不仅可以发现问题、较清楚地认识问题,而且可以提升分析、综合与解决问题的能力,增强对研究工作的信心。选题需要积极思考,需要具备一定的研究能力,从开始选题到确定题目的过程中,从事研究的各种能力都可以得到初步的锻炼提高。选题前,需要对某一专业的专业知识下一番钻研的功夫,需要学会收集、整理资料等研究工作的方法。选题中,要对已学的专业知识反复认真地思考,并从某个角度、某个侧面深化对问题的认识,从而使自己的归纳和演绎、分析和综合、判断和推理、联想和想象等方面的思维能力和研究能力得到锻炼和提高。

九、合理选题确保所学知识的综合运用

毕业论文的合理选题是为了顺利写出有相应价值的论文。毕业论文是高等院校毕业生提交的一份有一定学术价值的文章,是大学生完成学业的标志性作业,是对学习成果的综合性总结和检阅,是大学生从事科学研究的最初尝试,是在教师指导下所取得的科研成果的文字记录,也是检验学生掌握知识的程度、分析问题和解决问题基本能力的一份综合答卷,而毕业论文的写作是对所学专业基础知识的运用和深化。大学生撰写毕业论文就是运用已有的专业基础知识,独立进行科学研究活动,分析和解决一个理论问题或实际问题,把知识转化为能力的实际训练。写作的主要目的是培养学生具有综合运用所学知识解决实际问题的能力。因此,合理的毕业论文选题理应具有确保学生综合运用所学知识解决问题、提高多方面能力的作用。

选题是解决问题的第一步,选好了论题,就等于完成了论文写作的一半,题目选得好,可以起到事半功倍的作用。选题是研究工作实践的第一步,选题是否恰当,决定着研究的成败、进程和论文的价值。

总之,选题是毕业论文写作的起步阶段,是毕业论文写作中重要的一环。选题的结果会直接影响毕业论文的教学质量和学生的专业素质培养,毕业论文的选题应紧紧围绕教学大纲的培养目标进行,使学生能够综合运用所学的专业知识和技能,探索和解决一些实际问题。因此,选择好论题是撰写毕业论文的关键。

第三节　毕业论文选题的方法及技巧

一、毕业论文选题的方法

在毕业论文写作中,选题是关键。毕业论文选题的基本方法是根据社会的客观需要和自身的主观条件来决定,只有两方面达到统一,才能选出理想而又恰当的题。毕业论文的选题说起来复杂,但简单起来也十分简单,因为,说到底选题也就是发现矛盾和问题,确定研究写作的最佳对象,它属于一种认识活动。在这个认识活动中,作者积极的思维活动起着决定性的作用。因此,在选题过程中,同学们一定要善于动脑筋,积极思考,拓宽思路,去发现矛盾与问题,去发现问题的突出之点,从而找到论文的题目。毕业论文选题方法从不同角度上看,多种多样。常用的毕业论文选题方法主要有以下两种。

（一）浏览捕捉法

浏览捕捉法是通过对占有的文献资料快速地、大量地阅读,在比较中来确定选题的方法。浏览,一般是在资料达到一定数量时集中一段时间进行,这样便于对资料作集中的比较和鉴别。浏览的目的是在咀嚼消化已有资料的过程中提出问题,寻找自己的选题。这就需要对收集到的材料作全面的阅读研究,主要的、次要的、不同角度的、不同观点的都应了解,不能看了一些资料,有了一点看法,就到此为止,急于动笔。也不能"先入为主",以自己头脑中原有的观点或看了第一篇资料后得到的看法去决定取舍。而应冷静地、客观地对所有资料作认真的分析思考。在浩如烟海、内容丰富的资料中汲取营养,反复思考琢磨许多时候之后,必然会有所发现,这是搞科学研究的人时常会碰到的情形。浏览捕捉法一般可按以下步骤进行:

1. 浏览资料

在浏览中要注意勤作笔录,随时记下资料的纲目,记下资料中对自己影响最深刻的观点、论据、论证方法等,记下脑海中涌现的点滴体会。当然,记录要做细心的选择,有目的、有重点地摘录,当详则详,当略则略,一些相同的或类似的观点和材料则不必重复摘录,只需记下资料来源及页码就行,以节约时间和提高效率。

2. 发现问题

将阅读所得到的方方面面的内容进行分类、排列、组合,从中寻找问题、发现问题。材料可按纲目分类,如分成:

(1)选题的概念类资料;

（2）选题论点类资料；

（3）选题证据类资料；

（4）选题论证方法类资料；

（5）选题论证思路类资料；

（6）选题研究发展概况类资料。

3. 确定选题

将自己在研究中的体会与资料分别加以比较，明确在资料中没有或部分没有的观点与理论等；明确虽然资料上已有，但自己拥有的与之不同的观点与理论等；明确自己与现有资料基本一致的观点与理论等；明确自己在资料基础上得到深化与拓展的观点与理论等。经过几番深思熟虑的思考，就容易产生自己的想法。把这种想法及时捕捉住，再作进一步的思考，选题的目标也就会渐渐明确起来。

（二）追溯验证法

追溯验证法是一种通过阅读资料、验证拟想以确定毕业论文题目的选题方法。这种选题方法必须先有一定的想法，即根据自己平素的积累，初步确定准备研究的方向、题目或选题范围。但这种想法是否真正可行，心中没有太大的把握，故还需按照拟想的研究方向，跟踪追溯。追溯可从以下几方面考虑：

1. 判断拟想的必要性与可行性

自己的拟想别人没有论及或者论及得较少，则该拟想对学术研究或社会实践具有开创性或补充性作用。在此前提下，再具体分析一下自身的主客观条件，只要通过努力，能够对这一题目作出比较圆满的回答，则可以把拟想确定为毕业论文的题目。如果自己的拟想只是部分与别人的研究成果重复，在可行的条件下，就应限定题目范围，将非重复部分作为论证内容并确定相应的选题方向。如果自己的拟想与别人重复，就必须即时改变拟想，重构拟想。

2. 重构拟想

如果自己的拟想虽然别人还没有谈到，但自己尚缺乏足够的理由来加以论证，考虑到写作时间的限制，那就应该中止，再作构思。即使自己的拟想与别人的研究成果相同，也应立即放弃该拟想，因为即使有条件完成该拟想所决定的课题研究，但因其毫无价值而使该研究没有必要。

3. 抓住灵感

在阅读文献资料或调查研究中，有时会突然产生一些思想火花，尽管这种想法很简单、很朦胧，也未成型，但千万不可轻易放弃。要善于捕捉一闪之念，抓住不放，深入研究。因为这种思想火花往往是在对某一问题作了大量研究之后的理性升华，如果能及时捕捉，并顺势追溯下去,可最终形成自己的毕业论文选题。

追溯验证的选题方法,是以主观的拟想为出发点,沿着一定方向对已有研究成果步步紧跟,一追到底,从中获得"一己之见"的选题方法。当然,这种主观的拟想绝不是凭空想象,必须以客观事实、客观需要等作为依据。

追溯验证法的主要步骤:日常积累→潜心思考→产生灵感→形成拟想→比较拟想→确定选题。

二、毕业论文选题的技巧

(一)在本专业领域内选题

作为一个大学生,不论学的是什么专业,一定要对本专业的历史和现状有一个大体的了解。要清楚在自己学习的这一专业领域里,前人有哪些思想积累?有些什么样的重要研究成果?哪些问题解决了,或较好地解决了?哪些问题还存在着争议?争议的主要问题是什么?争论的焦点、问题的症结又在哪里?有几种代表性的意见?其代表人物是谁?哪种意见是多数人赞同的,占了上风?争论的各个方面都有什么代表性的论著、论文?哪些问题还从未触及,属于研究的薄弱环节?哪些领域是尚待开拓的处女地?哪些课题的研究具有重大的意义和广阔的前景?……总之,要从宏观的角度摸清本专业研究的基本情况。在此基础上,才能在本专业领域内选取有意义、有深度、有创见、有价值,自己又有能力完成的选题。

(二)以新的视角选题

对同一问题,前人总是从当时的时空环境、认识水平和个人特有的角度出发进行研究,后人则因时空的变换、观念的改变、方法的进步及认识的深化,从新的视角来研究,角度一变,新意即出。

以《韩非子·外储说左上》中买椟还珠这一古老的典故为例:楚人有卖其珠于郑者,为木兰之柜,薰以桂椒,缀以珠玉,饰以玫瑰,辑以羽翠,郑人买其椟而还其珠。

这个典故说的是有个楚国人到郑国去卖珍珠,他把珍珠放在一个装饰得非常华贵的匣子里,郑国的买者相中了匣子,就买了下来,却把匣子里的珍珠还给了卖主。一般人用此典故是为了讥讽他人没有眼光,不识货,或比喻办事舍本逐末、取舍不当。而今,由于经济全球化的发展,有人针对我国商品由于不注重包装,在国际市场上,同样质量的商品,价格则远远低于包装华美的外国商品,且销路不畅、损失严重的情况,借用这一典故来说明商品包装、装饰的重要性。仅是这一典故的重新理解,其角度就相当新颖,道理也令人信服,且给人以启迪,引起人们对商品包装、装饰的重视;同时,也反映出时代与观念的巨大变化。由此可见,对前人曾经研究论述过的问题,可以变换角度作进一步深入研究,并选择一个最适宜、最新颖的视角去论述,这也不失为一种重要的选题方法。

（三）在经常深入思考的领域里选题

研究取得成果,论文获得成功,主要不在于知识的广度,而在于认识的深度。一个具有一定知识基础的人,只要对某一领域的问题经常深入思考,不断质疑,不断探究,就可能产生独到见解,有所发现,这样就可以找到最适当的论题。同样,大学生在写作毕业论文之前的三年多时间里,习惯于对某一专业领域的问题进行深入思考,并富有一定的创见,以此为选题,有利于扬长避短,发挥优势,就有可能写出高质量的毕业论文。

对于这类选题方法,应注意避免停留在一般性的思考水平上,如果认识不深、不新颖、不独到,没有创见,则不可以此为选题。必须既具备经常深入思考的优势,又要对相关理论进行研究,方可选择此类选题。

（四）在问题争论基础上选题

目前,我国正处于历史性的发展时期,既面临着难得的发展机遇,也面临着来自各方面的严峻挑战。各项事业在不断取得新的进展的同时,也产生了许多新情况、新问题,有待于我们正确认识和解决。大学生如能参与讨论、研究和解决这些问题,不仅具有直接的现实意义,而且还有较高的学术价值。如20世纪末的一段时期,农民由于失地,生活问题没有得到很好的解决,出现了部分农民往城市涌的"民工潮"。有人甚至视之为冲击城市建设的"洪水猛兽",有关部门还对其采取了一些堵拦措施。"民工潮"问题一时间引起了人们的广泛关注和讨论。在讨论中,有人从城乡发展一体化的全局观念出发,提出"民工潮"作为中国农民在新形势下的新现象,既是市场经济条件下劳动力资源优化组合的必然反映,也是我国长期实行城乡分割隔离政策隐含矛盾的反馈和体现,更是中国农民市场经济意识增强并推动社会进步的重要标志的新观点,揭示了"民工潮"的本质意义,具有很强的说服力,并指出政府对"民工潮"应采取的政策措施。这样的选题无疑是极具现实意义和学术价值的。

采用这一方法进行选题时,应避免现象罗列或泛泛而谈;应用前瞻性的眼光、新的观念去剖析其历史根源或现实的深层原因,作出令人信服的理性分析,挖掘其蕴涵的意义,找出规律,指明发展趋势,或者提出相应的对策及治理措施等。当然,选择这一方法进行选题,对一名大学生来说有一定的难度,须慎重为好。

（五）在富有地方特色的问题上选题

选择论题时,我们一般会强调要开阔视野,要敢于标新立异,要从国内外各个领域、各种专业门类去寻找值得研究的问题。这一选题要求本身没错,但是,对一个即将毕业,写作时间有限的大学生来说,要从国内外的政治、经济、文化教育、文学艺术等方面去寻找需要研究的问题,是相当有难度的。因为地域相距遥远,不便进行实地调查研究,许多具体资料难以收集到。尽管现在网络搜索十分方便,但对异地的情况也难以全面了解,这样选出来的论题就可能不甚切合实际,论题就不免有宽泛之嫌,写出来的论文质量也就难以保证。鉴于以上情况,大学生如能选择本乡本土、富有地方特色的论题,就可以避免以上缺陷。

对于本乡本土、富有地方特色的论题,不要妄自菲薄,认为没有什么值得研究的价值。其实,只要肯潜心挖掘,有研究价值的论题还是很多的。如浙江大学、浙江工业大学等学校的大学生,可以就制约浙江经济快速持续发展的瓶颈问题进行选题,大的方面可以是浙江现有企业的"高投入、高消耗、高污染、低附加值"的"三高一低"外延增长模式迫切需要转变,应该向内涵型增长模式转变,还是向别的模式转变?怎么转?企业家、高级管理者要创造怎样的条件?政府又该为"转型"创造怎样的良好环境?等等。小的方面则可以是拥有较强制造能力的浙江企业如何超越为外国企业"贴牌生产"的"打工"阶段,创造自主品牌和国际品牌?或者就企业品牌建设相关问题的某一方面问题进行选题,等等。对这些问题的研究,对提高浙江民营企业参与市场的竞争力,推动浙江地方社会经济持续发展,都具有重要的意义和价值。可见,对本乡本土有价值的论题进行研究,出了成果,不仅对促进地方政治、经济、文化的发展具有积极的作用,而且对提高个人、本地区以至全民族的学术水平也具有重要的意义。

（六）在被人遗忘的问题中选题

被人遗忘的问题,是指在某一时期客观存在,却被人们所忽视或忽略,或未被发现、触及的问题。事实上,课题的价值并不在于是被人们所注目,还是被人们所冷落和遗忘,而在于其本身的价值。那些被人们遗忘或冷落的问题的意义和价值,一旦被人发现和开掘出来,便会如地下油海的喷涌,以其意想不到的光热造福人类。采用这一方法进行选题,不仅很少与人"撞车",而且容易获得成功,又可拓宽研究的视野。因此,大学生应以一种科学的态度、发展辩证的眼光去选择这一类课题,并展开深入的研究。

（七）在参考规划课题的基础上选题

规划课题一般来源于国家相关的行政部门、科研机构和学术团体,大学生可充分利用搜狐、雅虎、百度等搜索引擎,从网上查找与本专业领域相关的规划课题或课题指南进行参考,结合自己的具体情况,借鉴规划课题的研究方向、研究项目,从中受到良好的启发,选择适合自己研究的论题。现以教育类规划课题为例介绍如下:

教育部每五年颁布一次规划课题指南,较重大的科研项目还会通过招标来确定研究单位和个人;各级教育厅、教育局,各种教育研究团体、教育学术期刊以及各级各类学校也会据此制订出各自的选题范围和课题指南,以引导研究方向,促进德育科学的发展,推动教育的改革与发展;各种基金会,如国家、省社会科学基金项目,国家、省自然科学基金项目等也会提供选题要点以供投稿者参考。如教育部人文社会科学研究"十五"规划课题指南把"全面推进素质教育的深化研究"列入研究课题;浙江省教育科学"十五"规划 2005 年年度课题指南中,把"素质教育"列为"专题研究",即"侧重研究素质教育的理论发展、政策沿革,调研素质教育的实施现状,分析总结素质教育实施中的经验、影响因素和体制性障碍,从教育目的、学校办学思想、课程教学、教师队伍、学生课业、评价体系和构建长效机制等方面提出改进思路";广西教育科学"十五"规划课题指南当中也有不少课题与此类课题相关,如"全面推进素质教育的评估督导体制构建研究""各种类型的素质教育模式的实证研究""素质教育实验学校建设的研究"等。另外,《教育研究》《高等教育研究》《教育发展研究》等教育类核心期刊,近几年刊出的有关素质教育研究选题也可供参考。由此不难发现,素质教育是我国当前教育研究的一个重要课题,关注素质教育可以获得不少有价值的选题来源。同时,只要认真收集材料,写作质量就有可能达到一定的水准,论文公开发表的机会也会大大增加。

第四节　选题的步骤与注意事项

一、选题的步骤

毕业论文的选题是毕业论文写作的第一步,是为毕业论文写作确立研究对象,是毕业论文写作的前提与关键环节。因此每个同学必须严格遵循毕业论文的选题原则,按照毕业论文的选题步骤,才能选出既有科学理论价值,又有社会现实意义的论文题目,确保毕业论文写作的顺利进行和毕业论文的质量。毕业论文选题步骤主要包括认知自身的主客观条件、实施选题调查、认知社会需要、确定选题方向与范围、选定论文题目五个步骤。

（一）认知自身的主客观条件

自身的主客观条件主要包括专业方向、所掌握的基础知识、基本理论、基本素质、综合能力、兴趣特长等。作者自身的主客观条件是写好论文的先决条件。所以,毕业论文选题的第一个步骤是要摸清"家底"。具体地说,写作论文可从以下三个方面来综合考虑。首先,要明确有无充足的资料来源。资料类型主要包括有关课题的事实材料、党的有关方针政策和国家重要领导人讲话的文字材料(党的方针、政策和国家重要领导人的讲话既体现了社会主义现代化的实践经验,又能反映出现实工作中面临的各种问题。因此,研究一切现实问题都必须占有这方面的材料)、前人对这个问题的论述材料。"巧妇难为无米之炊",在缺少资料的情况下,是很难写出高质量的毕业论文的。选择一个具有丰富资料来源的选题,对选题深入研究与开展很有帮助。其次,要弄清自身的研究兴趣究竟在哪个方面。选择自己感兴趣的选题,可以激发自己研究的热情,调动自己的主动性和积极性,能够以专心、细心、恒心和耐心的积极心态去完成。最后,要清楚自己的专业知识与理论的特长倾向。这是每个同学进行毕业论文写作的专业基础和根本,如果对此不明白或重视不够,只是随意地选题,那是根本不可能进行毕业论文的写作的,更不用说写出优秀的毕业论文了。

(二)实施选题调查

选题调查是作者为了确定选题方向、选题范围和论文题目,运用多种调查方法,在各个相应环节上多次实施的社会实践与学术研究调查。学习了专业知识,不能仅停留在书本上和理论上,还要下一番功夫,理论联系实际,用已掌握的专业知识,去解决社会实践、学术研究中亟待解决的问题。要解决问题,就需要找出问题;要找出问题,首先就必须进行相应的调查。毕业论文的选题调查包括两个方面的内容:一是社会实践中亟待解决的问题;二是专业领域中的有关范畴、理论的研究空白、边缘领域中的问题、前人研究的不足之处等。科学研究还有许多没有被开垦的处女地,还有许多缺陷和空白,这些都需要填补。大学生应以独特的眼光和超前的意识去思索,去发现,去研究;在前人已提出来的研究课题中,许多虽已有初步的研究成果,但随着社会的不断发展,还有待于丰富、完善和发展,这种补充性或纠正性选题,也是有科学价值和现实指导意义的。

(三)认知社会需要

通过上述选题调查,就可以明确现实社会实践中亟待解决的问题、专业领域中的有关范畴、理论的研究空白、边缘领域中的问题、前人研究的不足之处等,为确定选题方向提供现实的客观依据。

(四)确定选题方向与范围

在前面三步的基础上,就可以科学地确定自己的毕业论文选题方向了。毕业论文的选题方向主要分为两个方面:一类是社会主义现代化建设实践中提出的理论和实际问题;另一类是专业本身发展中存在的基本范畴和基本理论问题。大学生应根据自己的志趣和爱好,尽快从上述两大类中确定一个方向。在毕业论文方向已经确定的基础上,经过再次调查和研究,根据自身条件,进一步明确毕业论文的写作范围。比如,将自己的毕业论文论题或者圈定在某一时期内,或者圈定在某一区域内,或者圈定在某一行业内,或者圈定在某一部门内,或者圈定在某一生产环节内,或者圈定在某一企业内,或者圈定在某一专业内,等等。然后再进行深入的研究和探讨,如"创新能力开发问题"可限定为"论政府机关的创新能力开发""西部民营企业创新能力的培育""21世纪初中小企业创新能力开发"等。

（五）选定论文题目

在选题范围确定以后，还要经过一定的调查和研究，可以从确定角度、辨析关系等方面来限定并缩小选题方向，最后选定毕业论文的具体题目。

确定角度。对所选的毕业论文课题方向，可以从不同的角度予以透视，从而得到适合自己的选题，如"创新能力开发问题"可限定为"基于经济学的企业创新能力开发研究""基于人力资源开发的强化企业创新能力的意义"等。

辨析关系。毕业论文选定的研究方向总是与有关的问题相互联系、相互影响。通过辨析相关问题的相互关系，可以使研究进一步深入，如"创新能力开发问题"可限定为"员工素质对企业创新能力的影响""企业经营理念与创新能力开发的关系""创新能力与员工观念的关系""企业经营战略管理对创新能力开发的影响""论创新能力的激励保障""企业的经营绩效与创新能力开发的关系"等。

二、选题中的注意事项

（一）忌轻率，要慎重

毕业论文的选题是在教师的指导下进行的，有的学生自己不作独立思考，完全依赖教师给出题目；有的学生缺乏研究分析，不假思索，拿过题目就写。这些做法都是不正确的，因为它们不利于作者主观能动性的再调动，限制主观能动性的再发挥，不利于增长知识，提高能力。同时，撰写毕业论文不经过选题这一具有重要意义的研究过程，文章的观点、论据、论证方法"胸中无数"，材料的准备更显不足，这样勉强提笔来写，就会感到困难重重，有时甚至一筹莫展，可能推倒重来。

（二）忌时髦，有主见

毕业论文的选题还应注意千万不能随大流或者赶时髦，写自己并没有弄懂或没有条件研究的问题。如一知半解地接触到一点国外的材料，收集到几个新名词、新概念，为了"求新"，为了一鸣惊人，就把别人的东西照搬过来，囫囵吞枣、东拼西凑，这样的论文当然是写不好的，选题时要引以为戒。

（三）忌陈旧，图创新

知识结构陈旧，跟不上飞速发展的形势，学术思想保守，不敢创新，受专业学术水平或现代信息的限制等，是造成选题陈旧的主要原因。因此，在选题前要掌握特定范围的学术动态,在选题时要在人们没有涉及的领域进行研究,提出新的见解。

（四）忌贪大，量力行

要考虑选定的课题是否符合自己的水平和能力。题目宜小不宜大,课题研究的范围小,可以研究得深入透彻;研究的范围过大,研究起来就有困难。

（五）忌雷同，求变换

某些书籍和期刊上发表的文章,作者选题雷同的现象时有发生。当然,为了普及和宣传的需要,也可以刊登一些内容相近的文章,但那也要尽量变换文章的写作形式,或选取不同的认知角度。

（六）忌生疏，抓熟知

围绕自己所学专业,结合本身所学知识进行写作,才是正确的路子。如勉强写自己不熟悉的东西,那是徒劳无益的。要熟悉事物,要提高自己,要紧密结合自己的专业搞一些专题研究,才能奏效。

（七）忌平淡，显特点

一篇论文,必须突出自己的特点,太浅、太俗、太平,都不会受到读者的欢迎。要把自己体会最深,具有某种特色的东西作为选题,防止照搬教科书或随意附和。

第三章　毕业论文的撰写

第一节　毕业论文的构思

毕业论文的构思是指作者在孕育作品过程中所进行的从选材、提炼题材、酝酿确定主题，一直到探索最适当的表现形式和结构方式的思维活动。简言之，构思就是组织、设计毕业论文的篇章结构。构思与论文结构总是紧密联系的。而论文提纲是论文构思与结构的表现形式，它从整体框架上反映作者的论文构思与论文结构。论文构思是作者在研读大量资料、选题既定的基础上，谋篇布局，构建、比较各种论文思路并从中选定最佳论文思路的一种科研创作过程。

一、毕业论文构思的原则

（一）构思须围绕主题

若要使论文写得条理清晰、脉络分明，必须使全文有一条贯穿线，这就是论文的主题。主题是一篇毕业论文的精髓，它体现作者的学术观点、学术见解、研究成果。论文影响读者主要就是靠其主题来实现的。因此，下笔写论文前，谋篇构思就要围绕主题，构思要为主题服务。

（二）构思要力求结构完整统一

在对一篇论文构思时，有时会发现需要按时间顺序编写，有时又会需要按地域位置（空间）顺序编写，但更多的还是需要按逻辑关系编写，即要求符合客观事物的内在联系和规律，符合科学研究和认识事物的逻辑。但不管属于何种情形，都应合乎情理、连贯完整。有时，构思出现几种写作方案，这就需要进行比较，在比较中，随着思考的不断深化，写作思路又会经历一个由庞杂到单纯，由千头万绪到形成一条明确线索的过程，此时，应适时抓住顿悟之机,确定一种较好的方案。

（三）构思要作读者分析

撰写并发表任何一篇毕业论文,其主要目的之一是给别人阅读,因此,构思时要求"心中装着读者",多作读者分析。有了清晰的读者对象,才能有效地展开构思,也才能顺利地确定立意、选材以及表达的角度。一般说来,读者可分为专业读者、非专业读者、主管领导或科技工作主管机构负责人等,人们对毕业论文的要求与评估标准各异。对于毕业论文来说,其读者对象为同行专业读者,因此,构思要从满足专业需要与发展的角度去思考,确定取舍材料与表达深度、广度,明确论文的重点。如果一篇论文包含有重要性不同的几个论题,作者应分清主次,考虑如何由次要论题向主要论题过渡,以能引起专业读者的兴趣。

如前所述,构思是作者构建、比较、优选论文思路的创造性活动,而论文思路就是论文作者所研究的客观事物的内部规律和事物之间的相互联系在作者头脑中的反映,这种规律与联系表现于论文中就是论文的结构。所以,张志公先生在《怎样锻炼思路》中说:"思路,这是关乎文章结构的最根本的东西。"思路是形成结构的基础,也可以说,思路是文章的脉络,而结构是思路的外在表现,或是思路的物化。相应地,对表现思路的属性、特点、框架、约定俗成、共同遵守的常用文章结构的熟悉与掌握,有利于开启作者写作过程中谋篇布局的思路,从而提高其论文构思能力。

二、毕业论文构思的类型

毕业论文写作构思主要是运用逻辑思维来进行的。不同的文种、不同的写作意图,会运用不同的逻辑思维方法来构思,而这种思路又通常体现在毕业论文的结构形式上。毕业论文构思的类型有以下几种:

（一）递进式

递进式是运用递进思维方法形成的一种文章思路。递进思维是在认识事物或事理时由浅入深、由表及里、由低到高、由小到大、由轻到重、层层递进的一种思维方法。运用这种方法,可以深入、清晰地阐释某些比较复杂的事理,说明某些比较复杂的关系,有助于深刻认识事物的本质属性,使文章有一定深度。论文写作经常遵循这种方法形成文章思路:或是认识问题由浅入深、层层推进,或是提出问题—分析问题—解决问题。运用递进思路时,各层次间要环环相扣,先写哪一层次,后写哪一层次,顺序不能随意调换、中断。提出总论点后,运用分论点逐步深入,逐层阐发,如下图所示。

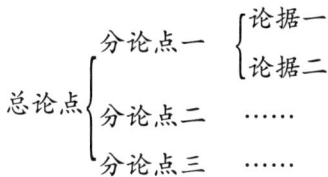

$$总论点\begin{cases}分论点一\begin{cases}论据一\\论据二\end{cases}\\分论点二\quad\cdots\cdots\\分论点三\quad\cdots\cdots\end{cases}$$

（二）并列式

运用平等、平行、并列的思维方式认识和对待事物或事理而形成的思路就是并列思路。用并列思维认识事物或事理不存在由浅入深、由表及里的递进关系，而是将事物或事理平等看待、横向发展的由此及彼的思维方式。

（三）比较式

比较思路是运用比较和鉴别的思维方法形成的一种写作思路。比较大体上可分时间、空间两类。时间比较是在历史形态上的比较，通过比较能发现同一事物或不同事物在不同时期呈现的差异，这也叫纵向比较、历史比较。空间比较是在现实既定形态上的比较，通过比较能鉴别出不同事物在同一时期不同空间中呈现出的异同，这也叫横向比较、现实比较。纵向比较能追本溯源，使思路清晰，易于看到事物的发展变化的规律，有利于人们对事物的未来状况作出相应的预测，但思路又显狭窄，拓展不开。横向比较思路宽阔，易于看到事物与相关事物的差距及其产生的原因，但又可能浮于事物表面，看不到事物的发展和实质。两者各有长短，可取其长综合运用，即采用方案比较法（又称为综合比较法或优选法），也就是在同等条件下，综合考虑到时空等多方面因素，将几种方案、几种情况进行全面比较，鉴别出最佳方案。

（四）归纳式

归纳，是从两个以上个别的、特殊的事物或道理的共同属性中，推出同一类事物或道理的普遍性结论的推理方法。它是从个别到全体、从特殊到一般的思维方法。论文写作运用这种思维方法便形成了归纳思路，如对某类客观事物共同规律的探讨可运用这种思路。归纳又可采用下述几种方法。

1. 完全归纳法

完全归纳法是穷究同类事物中所有个别事物的共同属性，推出普遍性结论的方法。这种方法不允许漏掉任何一个性质相同的个别事物，如不采用这种完全归纳法，就收不到应有的效果。一般说来，运用归纳法来认识客观事物时，完全归纳法最可靠。但实际上，只有在少数情况下才能做到完全归纳。在毕业论文写作中，一般较少用完全归纳法。

2. 简单枚举法

简单枚举法是根据对某类事物部分对象的概括,推出一般性结论的方法。这实际上属不完全归纳法。

简单枚举法运用起来虽然方便,但它极容易出现轻率归纳,以致以偏概全,使结论出现片面性、绝对化等错误。运用这种归纳方法,要注意两点:第一,不要轻易下结论,如果要下结论也应选择诸如"一般情况下""大体上""在一定条件下"等限制性词语,以表明其相对性,留有余地。第二,不要仅仅注意同类事物的数量或表面相似之处,而忽略了同类事物的本质属性,使结论偏离事物本质。要注意对重要的归纳对象或结论作进一步分析,充分考虑到时空变化后的情况,使归纳的结论更正确、更深刻。

3. 科学归纳法

科学归纳法是根据某类事物部分对象与某种属性有必然联系,从而推出这类事物都具有这种属性的方法。它是以科学实验和科学分析的结果为主要依据,从研究同类事物的少数对象与某一属性之间的内在联系中,从探求现象之间的因果关系中,概括出普遍性结论。科学归纳法比简单枚举法可靠,但其结论仍要受实践的检验。科学归纳法考察的对象要有典型的代表性,才能使结论正确。论文写作常用此法展开思路。例如《××市国有大中型企业转换经营机制研究》,正是通过对该市几个有代表性的国有企业的典型调查、科学分析,而得出该市国有企业转换经营机制的几条可行性措施的。文章运用了科学归纳法,结论必然令人信服。

4. 演绎式

演绎式是从普遍性的前提推出特殊性、个别性结论的思维方法。它与归纳的思维方向正好相反,是从全体到个别、一般到特殊。我们根据一般原理(公理、真理、常识或人们认同的共识等)可认识到包含在这一原理中的个别事物或道理,由此可形成毕业论文的演绎思路。

毕业论文写作运用演绎法时,作为根据、前提的一般性结论必须正确无误,才能进行直接演绎。如果作为前提的一般性结论只是相对正确,那么在推理过程中,在肯定其大多数事物或道理的同时,也要考虑到个别事物的特殊性,才能避免结论的片面性。

5. 总分式

总分式是运用综合和分析两种思维方法所形成的写作思路。总分思路在毕业论文写作中也是常见的构思方式,就是把事物分成若干部分,分别加以研究,即由总到分、化整为零。对实体事物进行分解,对抽象事物进行分类、剥离,就是剖析。综合则是把事物的各个部分联合起来,从整体上加以考察,也就是由分到总、集零为整。综合的过程,就是对实体事物组合、对抽象事物概括的过程。分析和综合是互相依存、互相联系、互相转化的。分析是综合的基础,没有分析,认识不可能具体深入,也就无从综合;综合是分析的前导,没有综合,不能统观全局,就可能只见树木不见森林,分析就缺乏方向和目标。分析重在发现事物的本质,分析不是目的,而是认识事物的手段。分析之后,还要把事物的各个部分放到事物的整体中,放到事物的各个部分及各种事物的相互联系、作用和矛盾中,放到事物的运动、变化中去考察它们的地位、作用,从而去把握其本质。综合也不是现象的罗列和事物各个部分机械地相加,而是要按照事物各个部分间的有机联系,对事物各个方面作全面、本质的反映,从而从整体上把握事物的特征。这也是分析的目的。

在毕业论文写作中,文章要点面结合、铺陈得开,关键在于构思时善于分析客观对象,且善于在分析的基础上进行综合。

(1)善于分类和归类。按一定标准,把较为复杂的集合性事物中特征相同的事物先行划分而后集结在一起就是分类。从一定的写作意图出发,把散乱的材料归聚成若干并列的类别就是归类。分类、归类是综合、分析思维方法中的重要步骤。分类、归类是全面、深入分析事物的基础。善于分类、归类,有助于分析事物的条理化、系统化。分类、归类时要注意下述两点。

①分类要尽可能全面、深入。分类可以一次分类(也称一级分类),也可多次(多级)分类,即把事物分成若干大类之后,再对每个大类继续划分,实现多级分类。所谓全面,即不论是一级还是多级分类,每次分类都要尽可能周全,不要有遗漏,尽可能使分出来的各方面内容与事物的本来面貌相符合。如单位的全面工作总结,对各方面工作情况和成绩可分类加以总结,视其工作成效可有详有略,但不能漏掉某方面的工作。所谓深入,就是根据事物的实际情况和写作意图,对对象能够分类的,应尽可能多级分类,以便于深入说明、深刻分析。事实上,分类级数少,易看出事物全貌;分类级数多,易深入分析出事物的本质属性。

②分类标准要一致、灵活。对事物分类时,既可以事物表象等非本质属性为标准进行分类,也可以事物本质属性为标准分类。但每一次对同一层级的分类都要用统一的标准,以保证分类的正确。只有标准一致,才能使分出的各类事物具有并列关系、对立关系或矛盾关系,而不具有交叉关系。无论一级分类还是二级分类,如果分类不正确,分类标准不尽一致,则所划分的类别就会显得混乱、交叉,如果按照这个分类框架写成文章,其效果显然很差。

强调分类标准一致,并不是说分类要永远按照一个标准进行。有时,对于较为复杂的同一事物,可以根据需要从不同角度、依照不同特点进行分类。例如,对某机关干部队伍现状的调查,就可根据机关干部的年龄、文化程度、政治面貌、工龄等多项标准分别按项分类,但具体的每一项的分类标准仍须一致。

分类标准的灵活性还体现在分类的相对性上。事物联系的相对性,决定了事物差异的相对性。有时在对事物分类时，要划分得绝对分明是办不到的。有些具有特殊性而难以归入某一类的事物，可以归并为"其他"一类；有些事物难以归入某一类，但又渗入各类之中，处于各类事物边缘间的模糊状态，那就可以将其单独列为一类，这样也可使分类更科学、周全。

（2）学会纵剖和横断。分类是把复杂的事物分成若干相对独立的类型，分类后任何类型的事物都没有改变原有的性质。而剖析和分解则是对相对独立的事物进行解剖，解剖分割后的每一部分都不具有原来整体事物的性质了。运用剖析和分解，可以深入事物内部结构研究事物，从而更深刻地认识事物的本质。

纵剖就是纵向剖析，即依时间的先后，将事物的发展过程和发展情况分成若干阶段，逐段考察和分析。对于本身存在时间阶段和发展进程的事物，写作时可采用纵剖的方法。横断则是横向分析，即将事物内部的各个侧面、各种因素分成若干部分，逐一考察和分析。对各种要素处于并列关系的事物，写作时则常用横断的方法来分析。用纵剖法分类，写出的论文侧重反映事物发展的进程；而用横断法分类，写出的论文侧重探索事物的规律，两者的侧重点明显不同。实际上，写作中两种方法也可交错使用。

（3）注重定性分析与定量分析。对任何事物的分析，都离不开定性分析和定量分析。定性分析是对分析对象的各种因素及其性质作出判定和分析。定量分析是对分析对象及其各种因素间的数量关系加以判定和分析。前者注重对事物质的判定，后者注重对事物量的判定。而任何事物都是质和量的统一体，因此，要尽可能地将定性分析与定量分析结合使用，这样才可以使分析更加深入、准确，在表达上也更加直观，更有说服力。比如，要反映一个地区经济和社会发展的成就，如果只有定性分析，会显得空洞，说服力不强；如果只有定量分析，又势必显得枯燥，甚至使人不得要领。只有将两种分析方法结合起来，才能更准确、深刻、生动地说明事物的性质。

6. 因果式

因果式是运用探因和寻果的思维方法形成的文章思路。在论文写作中，根据写作意图和民众接受心理，较多地采用由果溯因的思路。

毕业论文写作采用因果思路时，首先，要全面分析导致结果或现状的原因。在诸多原因中首先抓住主要的、根本的原因，同时也不忽视次要原因。要实事求是、全面地分析事物的内因和外因，不能只抓一点不及其余，防止片面性和绝对化。其次，要深刻地分析产生结果的原因。要深入分析，从原因中去探究产生原因的原因，这就是所谓的因因分析。因为有时表面的原因也只不过是个现象，如果分析浅尝辄止，只根据这个表层的原因得出结论，这个结论就可能是十分肤浅的，采取的相应措施只能治标而不治本，因为此时采取的措施是针对表层的枝叶原因而非针对深层的、终极的根本原因。因此，要力求揭示出最深层的、最根本的、最起作用的原因，这样才有助于抓住事物的本质。比如，论文《论某厂产品销售疲软的根源及治理》的思维,某厂生产的传统产品出现销售疲软势头,要对此作出调查并写出相应的论文。通过调查,发现销售疲软是由于广告宣传不力、营销渠道不畅、产品包装陈旧、产品式样单一、产品质量下降等。经过分析研究,认定其中质量下降是关键。进一步分析,发现质量下降的原因是生产第一线工人不重视质量,检验工人不负责任。又深入分析,发现造成这种状况的原因是管理不善、制度不严,职工普遍缺乏质量意识。再追本溯源,发现主要原因是厂领导班子缺乏市场优胜劣汰的竞争意识,只抓产品数量、产值,忽视产品质量。这样层层深入,抓住了深层次的根本原因,提出了"领导重视,狠抓质量,注重宣传,打通渠道"的对策,产品销售出现产销两旺局面。

第二节　毕业论文提纲的编写

论文提纲是作者构思谋篇的具体体现,便于作者有条理地安排材料、展开论证。有一个好的提纲,就能纲举目张、提纲挈领,掌握全篇论文的基本骨架,使论文的结构完整统一;就能分清层次、明确重点,周密地谋篇布局,使总论点和分论点有机地统一起来;也就能够按照各部分的要求安排、组织、利用资料,决定取舍,最大限度地发挥资料的作用。通常,毕业论文提纲的有无、优劣直接影响毕业论文的写作思路、谋篇布局以及论文写作的效率与效果,因此,每个学生很有必要对毕业论文提纲的内涵、构成、基本要求、写作方法与写作步骤有所掌握。

一、毕业论文提纲概述

(一)毕业论文提纲的内涵

毕业论文提纲是学生在正式撰写论文之前拟制并提交给论文指导教师的一份关于论题观点的来源、论文基本观点、论据、论证思路、论文基本结构的报告。毕业论文提纲是反映毕业论文内容要点的一种概要式书面材料,它只需要体现毕业论文的主要内容,不需要反映毕业论文的全部内容。论文提纲有详略之分、粗细之别。

(二)毕业论文提纲的构成

按照装订先后顺序,毕业论文提纲由其封面、内容摘要、关键词、提纲内容等部分构成。

1.封面、内容摘要及关键词

提纲中封面、内容摘要及关键词的结构及格式要求,请参照第五章相关内容及要求。

2.提纲内容

(1)题目;

（2）中心论点；

（3）内容纲要。

内容纲要是论文提纲的主要项目，其形式如下：

大项目——上位论点；

中项目——下位论点；

小项目——段旨；

更小项目——段中所用的材料。

下面以《关于培育和完善建筑劳动力市场的思考》为例，简要介绍提纲的编写。

题目：关于培育和完善建筑劳动力市场的思考

一、绪论

1.提出中心论题。

2.说明写作意图。

二、本论

（一）培育建筑劳动力市场的前提条件

1.市场经济体制的确立，为建筑劳动力市场的产生创造了宏观环境。

2.建筑产品市场的形成，对建筑劳动力市场的培育提出了现实的要求。

3.城乡体制改革的深化，为建筑劳动力市场的形成提供了可靠的保证。

4.建筑劳动力市场的建立，是建筑行业用工特殊性的内在要求。

（二）目前建筑劳动力市场的基本现状

1.供大于求的买方市场。

2.有市无场的隐形市场。

3.易进难出的畸形市场。

4.交易无序的自发市场。

（三）培育和完善建筑劳动力市场的对策

1.统一思想认识，变自发交易为自觉调控。

2.加快建章立制，变无序交易为规范交易。

3.健全市场网络，变隐形交易为有形交易。

4.调整经营结构，变个别流动为队伍流动。

5.深化用工改革，变单向流动为双向流动。

三、结论

（一）概述当前的建筑劳动力市场形势和我们的任务。

（二）呼应开头的序言。

上面所说的简单提纲和详细提纲都是论文的骨架和要点,选择哪一种,要根据作者的需要。如果考虑周到,调查详细,用简单提纲问题不是很大;但如果考虑粗疏,调查不周,则必须用详细提纲,否则,很难写出合格的毕业论文。总之,在动手撰写毕业论文之前拟好提纲,写起来就会方便得多。

一般情况而言,论点提纲只要拟到小项目即可,如果需要详细一些,则可拟到更小项目。这样便于进一步体现总论点与分论点、分论点与小论点、论据与论点之间的有机结合和论文结构,从而把论点讲深、讲透,体现论文结构的严谨细致。

二、编写毕业论文提纲的重要性

从毕业论文的整个写作过程来看,编写提纲是其中的一个重要环节,指导教师一般都要求学生编写提纲。从毕业论文的写作程序看,编写提纲是作者动笔行文前的必要准备;从提纲本身来讲,编写提纲则是作者构思谋篇即组织设计毕业论文篇章结构、构建论文骨架的具体体现。毕业论文的写作不像是写一篇散文、议论文那样随感而发,信手拈来些许材料,就能表达一种思想、一种感情,就能说明一个简单的道理,而是要运用大量的材料、较多层次且严密的逻辑推理来展开论述,阐明自己的观点。因此,作者在写作论文之前,编写一份写作提纲就显得十分重要。因为,编写提纲可以把作者初步酝酿形成的思路、观点、论据、论证等想法用文字固定下来,明确下来,写作时就能做到纲举目张,使论文结构完整统一。编写论文提纲的作用具体表现在以下三个方面。

(一)有利于作者理清思路

编写论文提纲是思维活动的轨迹,是思维过程的线索,是作者有规律、有条理,又具有一定连续性的思维发展脉络。作者在动笔写作前,虽收集了很多资料,但它们还是零乱的、不系统的。如何根据论题的需要,将所收集的资料和所形成的观点有机地结合起来,使之条理化、系统化,这就需要作者对此进行精心、周密的思考,形成一条明晰、畅达、连贯的思路。编写论文提纲的过程,就是理顺思路,形成粗线条的论文逻辑联系、框架结构的过程,它对于作者理清论文写作思路,把握论文结构全局,进行具体写作具有重要作用。

(二)有利于作者谋篇布局

在论文写作中,作者往往要考虑提出什么问题,分析什么问题,解决什么问题;如何提出问题,如何分析、解决这些问题;论文中心论点是什么,围绕中心论点分几个部分展开论述;哪些详写,哪些略写;怎样进行严密的论证,有针对性地解决问题;如何环环相扣、触及核心,怎样删繁就简、突出重点、增强论文说服力,等等。对这些问题的考虑,就是论文写作的谋篇布局。而编写论文写作提纲,对此都将进行通盘考虑安排,这就有利于作者对论文结构全局的把握,对中心论点的论述产生较强的逻辑力量。有了一个好的提纲,就能纲举目张,提纲挈领,掌握全篇论文的基本骨架,使论文的结构完整统一;就能分清层次,明确重点,周密地谋篇布局,使总论点和分论点、论据与论点有机地统一起来;也就能够按照各部分的要求安排、组织、利用资料,决定取舍,最大限度地发挥资料的作用。

(三)有利于作者避免出现大的失误

对于初学论文写作的同学来说,如果不编写提纲,难免会出现"下笔千言,离题万里"的现象。推倒重来,既浪费时间又浪费精力,还会影响作者的写作情绪,况且,客观环境也不允许。如能根据提纲写作,纵然随文思的涌流四溢,思路的深化与扩展,作者会有许多新的想法,新的发现,也只会使原来的设想得到补充、调整或者扬弃,从而使论文的构思更为理想,更趋完善;如果不认真编写提纲,动起笔来就会被这种现象所干扰,不得不停下笔来重新思考,甚至推翻已写的部分从头来过。可见,写作论文之前,编写一个比较详细的写作提纲,不仅可以避免写作上出现大的失误,而且也便于指导教师作及时具体的指导,因而显得十分必要。

三、编写毕业论文提纲的基本要求

(一)要点完备

作者无论是拟制粗略提纲还是拟制详细提纲都要求论文要点要完备。编写提纲一定要贯彻有利于写作毕业论文这一原则,表现在无论是编写粗纲还是细纲,都要注意其规范性。即都要写出论文的总论点、分论点、主要论据、论证概要或基本结构。对于自己毕业论文的总论点,作者需要说明是通过阅读某些著作文章有感而得、与人交流产生灵感而得,还是在实践中有所感悟而生。就前者要写清楚著作文章的名称和作者、出版时间,以及著作的哪些方面给了自己什么样的感受,就后者要写清楚教师指导带来的启示等;对于在论文的分论点部分,要求学生写清楚整个论文的基本观点都有哪些,这些观点必须逻辑清楚、合理;对于论文结构部分,学生结合自己的基本观点写清楚整个论文的结构。这是学生向指导教师说明自己如何论证观点的一个部分。例如,学生要写清楚整篇文章包含哪几个部分,第一部分写什么,其中包括几个小部分,每个小部分写什么等,以此类推。这样,进入写作阶段时才能有所依凭,才不至于"走样"。基于这种规范作用,同学们在编写毕业论文提纲时,还是"细"一点为好。

(二)合理取材

合理取材是指作者在拟制提纲时必须围绕中心论点进行资料的取舍。尽管许多材料都是苦心收集而来的,但是,材料是为中心论点服务的,无论多好的材料,如果与中心论点无关,都应当毫不吝惜地舍弃。这就如一块毛料虽寸寸宝贵,但如果舍不得裁去不需要的部分,也就缝制不成合身的衣服。由于中心论点是一篇论文的学术价值所在,因此编写提纲时一定要将其突现出来,如众星捧月一般,让结构安排、论据选择、论证方法以及语言表述等,都为突出论点而服务。

(三)逻辑严密

毕业论文提纲的逻辑严密是指作者在拟制毕业论文提纲时,要充分考虑毕业论文各部分之间的逻辑联系。初学写作论文的同学经常会犯的一个毛病,是论据与论点之间没有必然的联系。如有的只是反复阐述论点,而缺乏切实有力的论据;有的是材料一大堆,论点却不明确;有的则是各部分之间没有形成有机的逻辑联系等。这样的毕业论文提纲是不合乎要求的。因此,编写提纲时一定要注意论点与论据材料、组织结构、表述语言的统一,做到理论与实际结合,不要让它们散乱地处在无序状态。只有将它们有机地组合在一起,才能成为一个由各要素有机结合的综合体,也才能让它们发挥各自的作用。

(四)多问多改

好的提纲有利于作者达到既定的写作目标;否则,就很容易把论文写作引向歧路。编写完提纲后,要及时送给指导教师审阅,以便及时发现其偏颇和欠缺之处,及时对提纲进行推敲和修改。这种推敲和修改要把握以下几点:一是推敲题目是否恰当,是否合适。二是推敲提纲的结构。先围绕所要阐述的中心论点或者说明的主要议题,检查划分的部分、层次和段落是否可以充分说明,是否合乎道理;各层次、段落之间的联系是否紧密,过渡是否自然。三是进行客观总体布局的检查,再对每一层次中的论述秩序进行"微调"。这样做,似乎减慢了论文写作进程,事实上却由于得到了老师的及时指导,自己对问题的认识更加明确、思路更加清晰,返工的可能性大大减小,从而提高毕业论文的写作效率与效果。

四、编写毕业论文提纲的基本方法

(一)论点式写法

论点式写法,是写毕业论文提纲经常采用的一种写法。它要求作者将所要研究的问题予以高度结合,提炼出近似成型的论文论点。然后用所确定的中心论点、分论点、小论点以及所选择的论据搭起论文的基本结构框架。所列出的层次,往往是论文所要形成的格局。

（二）标题式写法

标题式写法,也是写毕业论文提纲常用的方法之一。标题式写法是指用简要的文字写成标题,把这部分的内容概括出来;它标示的是研究工作的基本过程,以事物的自然发展顺序列写清楚,简明扼要、一目了然。例如.

一、农村消费市场启而不动的原因分析

（一）农民手中的可支配收入较少,其主要原因有:

1. 农民收入增长缓慢,这是因为:

（1）国家对农业的投资长期不足;

（2）农业产品供过于求,价格连年下跌,而生产资料价格却不断上涨;

（3）乡镇企业吸纳农村剩余劳动力的能量呈下降趋势;

（4）农村人口过多,城市化水平偏低。

2. 农民负担过重,且呈现不断加重的发展趋势。这是因为:

（1）有关部门在思想认识上存在偏差;

（2）基层政府机构臃肿,国家宏观监管不力;

（3）现行的农业税、特产税等税制存在不合理现象。

（二）旧的消费观念和消费模式对农民消费的影响。

……

（三）提要式写法

提要式写法是指毕业论文提纲以要点的形式,概括地写出各个层次部分基本内容的提纲编写方法,也叫作详细提纲。

这种写法虽然费时费力一点,但对各学科毕业论文都适用。如毕业论文《启动农村市场,扩大国内需求》一文编写的提要式提纲:

一、绪论部分（提出问题）

针对近年来农村居民消费对经济增长的贡献率偏低的现象,提出农村居民消费水平还有很大的扩展空间,启动农村市场是扩大国内需求的中心内容之一的观点。

二、本论部分（分析问题）

第一部分:农村消费市场启而不动的原因分析

1. 农民手中的可支配收入较少。

其原因有:（1）农民收入增长缓慢。表现在国家对农业的投资长期不足;农业产品供过于求,价格连年下跌,而生产资料价格不断上涨;乡镇企业吸纳农村剩余劳动力的能力下降;

农村人口过多,城市化水平低。(2)农民负担过重。主要表现在有关部门思想认识上存在偏差;基层政府机构臃肿,国家宏观监管不力;向农民征收和提取的农业税、特产税等税制不合理。

2.旧的消费观念和消费模式对农民消费习惯的影响。

3.农民的收入预期不稳定,加上未来各种支出却呈刚性增长,办法只有捂紧钱袋。

4.农村基础设施建设落后,消费环境差,也不同程度地影响了农民的正常消费。

第二部分:开拓农民消费市场必须以农民增收减负为前提

1.千方百计增加农民收入。

(1)加大国家对农业投资力度。

(2)依靠科技进步提高农产品品质和质量,降低农业生产成本。

(3)努力推进农业产业化。

(4)努力发展乡镇企业。

(5)加快城市化进程。

2.减轻农民负担。

(1)端正基层干部的思想认识。

(2)合理确定农民负担水平,切实遵循合法收取原则。

(3)实施农村"费改税"改革,解决农民负担问题。

(4)改革地方政府组织机构,健全政府部门约束机制。可从转变政府职能,精简机构人员和建立健全政府部门约束机制两方面减轻农民负担。

3.加强消费观念指导,改善农民心理预期环境,来鼓励农民适度消费。

4.加强基础设施建设,改善消费环境。

三、结论部分(解决问题)

第三部分:开发适合农村市场消费需求的产品

1.生产企业应该树立质量意识,向农村提供适销对路的高质量产品。

2.生产企业要提高销售服务质量。既要做好售前售后服务,又要在销售过程中了解消费者情况,推销合适的商品,还要向消费者提供各种售后服务。

以上提纲描述出了论文较为完整的内容轮廓,不但有大层次(三个部分),而且每个大层次下又分出小层次;不但搭起了论文的结构框架,而且将每个部分的内容都作了明确规定,写得中心突出、层次分明、条理清楚。按照这样的提纲写作毕业论文就会非常顺利。

以上介绍的几种常用毕业论文提纲编写方法,选择哪一种,要根据作者的需要,根据资料收集的详略程度而定。

毕业论文结构有绪论、本论、结论三大部分。绪论、结论这两部分在提纲中应比较简略。本论则是全文的重点,是应集中笔墨写深写透的部分,因此在提纲上也要列得较为详细。本论部分至少要有两层标题,层层深入、层层推理,以便体现总论点和分论点的有机结合,把论点讲深讲透。

五、编写毕业论文提纲的步骤

(一)确定论文提要,再加进材料,形成全文的概要

论文提要是内容提纲的雏形。一般教科书、教学参考书都有反映全书内容的提要,以便读者一看提要就知道书的大概内容。我们写论文也需要先写出论文提要。在执笔前把论文的题目和大标题、小标题列出来,再把选用的材料插进去,就形成了论文内容的提要。

(二)原稿纸页数的分配

写好毕业论文的提要之后,要根据论文的内容考虑篇幅的长短,文章的各个部分,大体上要写多少字。如计划写 15 页原稿纸(每页 300 字)的论文,考虑绪论用 1 页,本论用 13 页,结论用 1 页。本论部分再进行分配,如本论共有四项,可以第一项 1 ~ 2 页,第二项用 2 ~ 3 页,第三项 3 ~ 4 页,第四项 3 ~ 4 页。有这样的分配,便于资料的配备和安排,写作能更有计划。毕业论文的长短一般规定为 3 000 ~ 5 000 字,因为过短,问题很难讲透,而作为毕业论文也不宜过长,这是由学生的理论基础、实践经验所决定的。

(三)编写提纲

1. 简单提纲

简单提纲是高度概括的,只提示论文的要点,如何展开则不涉及。这种提纲虽然简单,但由于它是经过深思熟虑构成的,写作时能顺利进行。没有这种准备,边想边写很难顺利地写下去。下面以《关于培育和完善建筑劳动力市场的思考》为例,介绍简单提纲的写法:

(1)绪论
(2)本论
培育建筑劳动力市场的前提条件;
目前建筑劳动力市场的基本现状;
培育和完善建筑劳动力市场的对策。
(3)结论

2. 详细提纲

详细提纲是把论文的主要论点和展开部分较为详细地列出来。如果在写作之前准备了

详细提纲,那么,执笔时就能更顺利。下面以《关于培育和完善建筑劳动力市场的思考》为例,介绍详细提纲的写法:

(1)绪论

提出中心论题;

说明写作意图。

(2)本论

培育建筑劳动力市场的前提条件。

市场经济体制的确立,为建筑劳动力市场的产生创造了宏观环境;

建筑产品市场的形成,对建筑劳动力市场的培育提出了现实的要求;

城乡体制改革的深化,为建筑劳动力市场的形成提供了可靠的保证;

建筑劳动力市场的建立,是建筑行业用工特殊性的内在要求。

目前建筑劳动力市场的基本现状:供大于求的买方市场;有市无场的隐形市场;易进难出的畸形市场;交易无序的自发市场。

培育和完善建筑劳动力市场的对策:统一思想认识,变自发交易为自觉调控;加快建章立制,变无序交易为规范交易;健全市场网络,变隐形交易为有形交易;调整经营结构,变个别流动为队伍流动;深化用工改革,变单向流动为双向流动。

(3)结论

概述当前的建筑劳动力市场形势和我们的任务。

呼应开头的序言。

上面所说的简单提纲和详细提纲都是论文的骨架和要点,选择哪一种,要根据作者的需要。如果考虑周到、调查详细,用简单提纲也无大碍;但如果考虑粗疏、调查不周,则必须用详细提纲,否则,很难写出合格的毕业论文。总之,在动手撰写毕业论文之前拟好提纲,写起来就会方便得多。

第三节 资料的收集与整理

资料是毕业论文写作的基础,没有资料,研究无从着手,观点无法成立,论文不可能形成。全面收集材料是论文写作过程中继选题之后的又一重要环节。虽然在实际写作中,经常出现这样一种情况,即先收集一定的材料,然后确定论题,最后再围绕论题收集和整理材料。但是,任何一种方法都是殊途同归,收集材料、积累材料、整理材料都是必不可少的。王力先生在谈论文写作时说:"一个小小的题目,我们就要占有很多的材料,往往几十万字,要做几千几万张卡片。"他还说:"别看写出来的文章只有一万字,几千字,收集的材料却是几十万字,这叫作充分占有材料。材料越多越好,材料不够就写不出好文章。"由此可见,收集材料对论文的写作,有着重要的意义。俗话说,"巧妇难为无米之炊",同样的道理,没有丰富适宜的材料,再好的论题也会失去利用价值。因此,在写作之前,必须收集大量的材料,并详尽地占有材料。所以,详尽地占有资料是毕业论文写作之前的另一项极重要的工作。

一、资料的收集

收集资料是论文形成过程中最为费时费力的环节,但它是进行创造性思考和执笔写作论文的基础,没有资料的积累就不可能进行深入的研究和写出较好的论文。但是每年的毕业生都会出现这样、那样的问题而导致最后的论文匆匆忙忙完成,出现手忙脚乱的情况。其中,很大一部分是由于相关论文资料查找方面出现了问题。不少学生在查找资料文献中胡乱撒网,既没有既定目标,又没有搜索步骤;既浪费了时间,又耽误了寻找正确合适的文献资料的机会。甚至有相当一部分学生在选定选题方面因为找不到相关资料而频繁更换选题。

(一)毕业论文的资料来源

毕业论文的资料来源有两条途径:一是通过观察、实验和调查从亲自实践中直接得到资料;二是通过查阅文献得到资料。

文献资料是撰写毕业论文的主要来源。凡是用文字、图形、代码、符号、声音、视频等方式和技术手段记载在一定载体上的每一件记录,统称为文献资料。

1. 文献资料的主要类型

按性质、特点和出版形式的不同,文献资料可分为以下几种类型:

(1)图书。图书也称为书籍,包括专著、论文集、工具书、教科书等,内容上比较成熟、定型、系统完整。科技图书大多是对已发表的科技成果、生产技术和经验或者某一知识领域进行系统的论述或总结,它往往以期刊论文、会议论文、研究报告及其他第一手资料为基本素材,经过作者的分析、归纳,重新组织而编写的。图书中所提供的知识,一般比较全面、可靠。参考有关科技图书有助于人们对范围较广的问题获得一般的知识,或对陌生的问题获得初步的了解。

(2)期刊论文。期刊有固定名称,有统一出版形式,有一定出版规律,每期刊载不同著者、译者、编者的文章,是按一定编号顺序连续出版下去的出版物。其特点是数量大、品种多、内容丰富多样、出版周期短、报道速度较快、传播流通面十分广泛、连续性强。期刊的内容一般是一次文献,即原始文献,许多新的研究成果大多首先在期刊上发表,因此,期刊论文是撰写毕业论文获取新资料的主要来源,是极其重要的文献资料。

(3)科技报告。科技报告是关于某项科学研究和革新成果的报告或研究过程中的阶段进展情况的实际记录。它反映的科学研究和技术革新成果比期刊论文快,内容高度专门化,且具有一定的保密性。一般以单行本的形式出版。

(4)专利文献。专利是国家对发明创造的法律保护。专利文献一般指专利说明书,它是专利文献的主体。专利文献是极其重要的文献资料,蕴藏着丰富的科技信息。专利技术具有新颖性、创造性、实用性,从专利文献上能反映各国科学技术已达到的水准,因此,专利文献是一种可靠的文献资料。

(5)报纸。报纸是一种出版周期短、发行量大的出版物。其报道内容极为广泛,与人们的生活息息相关,是人们日常生活中最常接触到的信息源。当然,随着互联网技术的发展、智能手机的普及,电子媒体应用得越来越广泛。

文献资料还包括会议文献、标准文献、技术档案、产品技术资料等的类别,这里就不再赘述。

2. 文献资料的结构层次

根据文献的产生次序和加工整理的程度不同,可将文献资料划分为四个层次结构。

(1)零次文献。零次文献指未经正式发表或不宜公开和大范围内交流的比较原始的素材、底稿、手稿、书信、工作文稿、工程图纸、考察记录、实验记录、调查稿、原始统计数字,以及各种口头交流的知识、经验或意见论点等,此类比较原始的文献多保留于科研人员之手。这类文献在较小的范围内交流、使用、参考,其传播渠道少,或需保密,或限制使用以及因珍稀的原因,不为人们知晓而多被埋没。其形式多是抄件、打字件、油印件、内部铅件、复制印刷、描图以及内部录音、录像等。其特点是信息来源直接、真实,内容新颖,不易收集。

(2)一次文献。一次文献习惯上称作原始文献,它是作者依据本人的科研和工作成果而形成的文献,这类文献是脑力劳动的正式产品,是科研成果的一种主要表述方式,代表新知识,组成了可供交流的系统性信息。图书、期刊、会议资料、学位论文、专利文献、政府出版物、产品样本、科技报告、标准文献、科技档案等为一次信息源中的重要组成部分。写作毕业论文,资料的主要来源是一次文献。一次文献有以下特点:

①创造性。一次文献是人们根据自己在生产和科学研究中的成果撰写的,是创造性劳动的结晶。它报道新成果、新技术、新发明、新创造。例如专利,它具有新颖性和创造性,反映了发明创造、技术革新与改进的创造性劳动成果。正由于一次文献的创造性,故受到人们重视。

②原始性。一次文献是一种原始的创作,也必然是初次发表的,一般是作者根据自己所积累的原始素材、原始数据创作而成,故其既有真实可靠的一面,又有特定性和不成熟的

一面。

③多样性。一次性文献是每个作者的不同成果,故在内容上多样化;另外,在表现形式上也呈现出多样性,有文学读物、期刊论文,也有研究报告、学位论文等。

(3)二次文献。二次文献指根据实际需要,按照一定的科学方法,将特定范围内的分散的一次文献进行了加工、整理、提炼、浓缩、标引、编序后,所形成的各种目录、题录、索引、文摘、论文集、图书馆目录,以及参考书中的百科全书、专科全书、手册、大全、字典、词典、表格、图谱、数据等,我们称之为二次文献。二次文献不仅能提供大量信息,而且具有报道和便捷检索的功能。二次文献具有以下特点:

①集中性。二次文献集中了某个特定领域范围的文献。它可以是某个信息部门的所有书刊资料,某个专业领域的文献,某个作者的所有文献等。二次文献是在所集中的某个特定范围的文献基础上,用科学的方法加工整理、组织编排而成,它比较完整地反映了某信息部门、某专业、某作者等的文献情况。

②工具性。二次文献可称之为工具性的文献,它以特定的方法、简练的语言揭示文献的外部特征和内容特征,并加以科学的编排。它是累积、报告和查找文献线索的一种工具。一般所说的信息检索,即指对于此类文献的有效利用,从中查检到一定的知识信息或某项课题的文献线索。

③系统性。二次文献本身具有自己的系统结构,为了方便利用,一般提供多个检索途径。所以,一种好的二次文献往往由几个部分组成,如目录、正文、其他检索途径的附录部分等,具有比较固定的体系结构。另外,二次文献在总体上也有自己的系统性,特别是检索刊物体系,因为各专业的文献都有自己的检索工具,做到不重复且没有重大遗漏,就必须统筹规划,分工协作,建立科学的检索刊物体系,且各个检索刊物也必须保持自己的连续性和系统性。

(4)三次文献。三次文献是对某一专题的一次文献和二次文献的有关信息进行检索、筛选、分析、加工,并结合编者的实地调查研究,进行综合分析后重新编制的成果,一般包括专题述评、动态综述、进展报告、专业年度总结等。三次文献具有以下特点:

①综合性。三次文献是在大量有关文献的基础上,经过综合、分析而成。综合性就是将大量分散的有关特定课题的文献、事实和数据进行综合、评价、筛选,以简练的文字扼要叙述出来,内容十分概括。它可以是纵向综合,如某专业的过去、现状和将来的综述;也可以是横向综合,如对各产业部门同类产品的比较综述等。

②针对性。三次文献是为了特定的目的,收集大量相关的文献,进行分析、综合而编写出来的,并且在很多情况下,它是信息部门接受用户的委托后,进行信息研究后产生的成果,因此,具有很强的针对性,即针对特定用户的信息需求,为特定的目的服务。

③科学性。三次文献是在已有的知识成果的基础上,对特定专业课题的总结和综述,因

此,其观点比较成熟,内容比较可靠,有材料、有事实、有数据、有建议、有结论,具有较高的科学性,一般可直接提供参考、借鉴和使用,因而普遍为科研人员和管理者所重视。

(二)毕业论文资料收集的范围

撰写毕业论文之前,至少应当占有以下五个方面的材料。

1. 第一手资料

第一手资料包括与论题直接有关的文字材料、数字材料(包括图表),如统计材料、典型案例、经验总结等,还包括自己在实践中取得的感性材料。这是论文中提出论点、主张的基本依据。没有这些资料,撰写的毕业论文就只能成为毫无实际价值的空谈。对第一手资料要注意及早收集,同时要注意其真实性、典型性、新颖性和准确性。

2. 他人的研究成果

这是指国内外对有关该课题学术研究的最新动态。撰写毕业论文不是凭空进行的,而是在他人研究成果的基础上进行的,因此,对于他人已经解决了的问题就可以不必再花力气重复进行研究,人们可以以此作为出发点,并可以从中得到有益的启发、借鉴和指导。对于他人未解决的,或解决不圆满的问题,则可以在他人研究的基础上再继续研究和探索。切忌只顾埋头写,不管他人研究,否则,撰写的毕业论文的理性认识会远远低于前人已达到的水平。

3. 边缘专业的材料

当今时代是信息时代,人类的知识体系呈现出大分化大融合的状态,传统专业的鸿沟分界逐渐被打破了,出现了令人眼花缭乱的分支专业及边缘专业。努力掌握边缘专业的材料,对于所要进行的专业研究、课题研究大有好处。它可以使我们研究的视野更开阔,分析的方法更多样。譬如研究经济学的有关课题,就必须用上管理学、社会学、人口学等专业的知识。大量研究工作的实践表明,不懂一些边缘专业知识,不掌握一些边缘专业的材料,知识面和思路狭窄,是很难撰写出高质量的论文的。

4. 名人的有关论述、有关政策文献等

名人的论述极具权威性,对准确有力地阐述论点大有益处。至于党的有关方针、政策,既体现了社会主义现代化的实践经验,又能反映出现实工作中面临的多种问题,因此,研究一切现实问题都必须占有和清楚这方面的材料,否则会出现与党的方针、政策不一致的言论,使论文出现很大的缺陷。

5. 背景材料

收集和研究背景材料,有助于开阔思路,全面研究、提高论文的质量。例如,要研究马克思的商品经济理论,不能只研究他的著作,还应该大力收集他当时所处的社会、政治、经济等背景材料,从而取得深入的研究成果。

（三）资料收集的方法

收集资料的途径主要有图书馆、阅览室、专业网站。在信息社会时代,大学生应该熟练掌握利用互联网查阅资料的方法。本书主要介绍利用互联网收集资料的数字图书馆、搜索引擎、数据库。

1.数字图书馆

数字图书馆是采用现代高新技术所支撑的数字信息资源系统,将文字、图像、语音、影像、软件和科学数据等信息,以数字化方式存贮,以网络化方式连接,为用户提供实时利用服务,实现资源共享。目前,规模较大、影响较广的国内数字图书馆主要有超星数字图书馆、书生之家数字图书馆、中国数字图书馆等。这里主要介绍超星数字图书馆。

超星数字图书馆是由北京时代超星信息技术发展责任有限公司研制的,它成功地开发了纸张图文资料数字化技术(PDG),具有很好的显示效果,适合在互联网上使用,是目前世界上最大的中文在线数字图书馆。我们只需按步骤操作即可登录超星数字图书馆,检索文献资料。

超星数字图书馆是以先进的中文全文检索系统为平台,按照文化行业标准"数字式中文全文文献通用格式"进行著录、标引,可以提供分类、书名、作者和高级检索等方式进行检索。

2.搜索引擎

百度是我们生活中比较常用的搜索引擎,它拥有世界上较大的中文信息库,其总量超过3亿页以上,且每天以几十万页的速度快速增长,在国内众多具有搜索引擎的门户网站中,超过80%都由百度提供搜索引擎技术支持。

百度的关键词搜索分为简单搜索和高级搜索。简单关键词搜索非常容易,在主页中首先选择分类,然后输入搜索关键词,最后点击"百度搜索"按钮,即可得到搜索结果。例如,在选择分类中选中"网页",在输入框中输入关键词"大学生就业",点击"百度搜索"即可得到搜索结果。如果用户希望查询效率更高、结果更准时,可采用"高级搜索"。例如,要搜索包含"图书""报纸""期刊"中任一词,但又不包含"医学"的信息,可在"高级搜索"对应的输入框中输入信息。当然也可在关键词搜索中直接输入检索式:"图书 | 报纸 | (期刊) - (医学)"得出相同的结果。

3.三个数据库

(1)CNKI 数据库。CNKI 是中国知识基础设施工程(China National Knowledge Infrastructure)的简称。其数据库资源主要有:中国期刊全文数据库(CJFD)、中国优秀博硕士学位论文全文数据库(CDMD)、中国重要报纸全文数据库(CCND)、中国重要会议论文全文数据库(CPCD)、中国科学文献计量评价 ASPT 系列数据库、中国基础教育知识仓库(CFED)、中国医院知识仓库(CHKD)、中国企业知识仓库(CEKD)、中国城市规划建设知识仓库

（CCPD）等。

①主要数据库简介：

A. 中国期刊全文数据库。中国期刊全文数据库是目前世界上较大的连续动态更新的中国期刊全文数据库，收录国内 8 200 多种重要期刊，以学术、技术、政策指导、高等科普及教育类为主，同时收录部分基础教育、大众科普、大众文化和文艺作品类刊物，内容覆盖自然科学、工程技术、农业、哲学、医学、人文社会科学等各个领域，全文文献总量 2 200 多万篇。包括十大专辑：理工 A、理工 B、理工 C、农业、医药卫生、文史哲、政治军事与法律、教育与社会科学综合、电子技术与信息科学、经济与管理，大专辑下分为 168 个专题和近 3 600 个子栏目。CNKI 中心网站及数据库交换服务中心每日更新 5 000～7 000 篇论文，各镜像站点通过互联网或卫星传送数据可实现每日更新，专辑光盘每月更新，专题光盘年度更新。

B. 中国优秀博硕士学位论文全文数据库。收录 2000 年以来全国 300 家博士培养单位的优秀博硕士学位论文约 42 万余篇。数据每日更新。以 WEB 版（网上包库）、镜像站版、光盘版和流量计费等方式提供服务。

C. 中国重要报纸全文数据库。收录 2000 年以来中国国内重要报纸刊载的学术性、资料性文献的连续动态更新。至 2006 年 12 月 31 日，累积报纸全文文献 645 万多篇。网上数据每日更新，光盘每月更新。

D. 中国重要会议论文全文数据库。收录我国 2000 年以来国家二级以上学会、协会、高等院校、科研院所、学术机构等单位的论文，年更新约 10 万篇论文。至 2006 年 12 月 31 日，累积会议论文全文文献近 58 万篇。网上数据每日更新，光盘数据每季度更新。

②数据库检索方法。由于各数据库检索方法大同小异，下面就以使用率最高的中国期刊全文数据库为例作介绍。该数据库提供了初级、高级和分类三种检索方式，检索方法及步骤如下：

A. 初级检索。登录全文检索系统后，系统默认的检索方式即为初级检索方式，它能简单、快速和方便地检索信息，使用方法与步骤如下：

a. 选取检索范围。检索界面的左窗口下部为检索范围选择框，其导航层次为：专辑—专题——级子栏目—二级子栏目—三级子栏目。可以在某一层次选中所有子栏目，也可以选取其中一部分，还可点击"全选"选中该层次的所有项目。选择的标志是在要选择的范围前选择"√"。

b. 选取检索项。在检索项的下拉框里选取要进行检索的字段，有篇名、作者、关键词、机构、中文摘要、引文、基金、全文、中文刊名、ISSN、年、期、主题词 13 项。

c. 输入检索词。在文本框里输入检索词。检索词为文章检索项中出现的重要词，当按相关度排列时，其出现的词频越高，数据越靠前排列。

d. 进行检索。单击"检索"按钮进行检索或单击"清除"按钮清除输入,在页面的右侧上部列出检索结果,单击其中一项,可以在下面的细览区列出详细的信息,如篇名、作者、刊名、机构、关键词等。

若第一次检索得到的结果太多,可以对其进行"二次检索"。就是在初次检索结果的基础上,在右侧上部窗口的检索框中选择检索途径,输入新的检索词,并单击"二次检索",便可得到进一步优化的检索结果。

如果想浏览文章的原文,可以单击右侧下部窗口中的第二栏"原文下载"处,即可下载或在线阅读其原文。

B. 高级检索。利用高级检索系统能进行快速有效的组合查询,优点是查询结果冗余少,命中率高。对于复杂的查询,可使用这种检索方式。其使用方法如下:

进入中国期刊网的检索界面,选择高级检索,进入高级检索界面,根据检索内容的需要,先选取检索范围和检索字段(13 个字段中选择),然后输入相应的检索词,并选择检索词之间的逻辑关系(AND、OR 分别表示逻辑与、或),再选择检索年代和检索结果的排序方式,最后单击"检索"按钮进行检索。

C. 分类检索。分类检索是利用导航体系逐步细化,最终检索出最小知识单元中包含的论文,这种检索方式主要使用导航区。例如,总目录→教育与社会科学辑专栏目录→职业教育与成人教育→职业技术教育,可以直接检出其中的文章。

③全文浏览器的用法。CAJ 全文浏览器是实时阅读文章原文的工具。使用 CAJ 全文浏览器可按原版格式阅读文章的全文,并可对全文进行打印、缩放、翻页、页面跳转和图文摘录等各种处理。要进行文本摘录时,首先在全文显示状态下,单击工具栏中的"选择"按钮(或单击鼠标右键,选择"鼠标用于选择"项),先将鼠标指向要摘录的第 个字,单击鼠标左键,这时鼠标形状变为"+",移动鼠标到要摘录的最后一个字,再单击鼠标左键,则页面上的部分内容被选中。按工具栏中的"复制"按钮(或单击鼠标右键,选择"复制"),则选中的内容被复制到剪贴板上。若要整篇摘录,选择"编辑"菜单中的"全部选择"命令,再单击工具栏上的"复制"按钮。若要复制全文中的图片,选择"编辑"菜单中的"复制位图"命令,此时鼠标变为"+",选定所要摘录的图片。然后打开编辑器,选择"编辑"菜单中的"粘贴"命令即可。

(2)万方数据资源系统。万方数据资源系统是北京万方数据股份有限公司在中国科技信息研究所数十年积累的全部信息服务资源的基础上建立起来的,是一个能提供信息资源产品、信息增值服务、信息处理方案为一体的高水平的综合信息服务网络化系统。汇集中国学位论文文摘、会议论文文摘、科技成果、专利技术、标准法规、各类科技文献、科技机构、科技名人等近百个数据库,其上千万的海量信息资源,为广大科研单位、公共图书馆、科技工作者、高校师生提供丰富、权威的科技信息。其检索方法如下:

①检索功能入口。万方数据资源系统的检索入口主要有页面检索和检索中心,页面检索又分系统页面、栏目页面和数据库页面。

A. 系统页面。在系统页面中进行检索,即是在全部数据库中检索,检索结果有较好的查全率。

B. 栏目页面。在栏目页面中检索,即是在相关类型的所有数据库中进行检索。

C. 数据库页面。数据库页面检索是在指定数据库中进行检索。

D. 资源检索中心。用户在"资源检索中心"可通过选定多个或多类数据库进行各种简单或高级检索。

②简单检索。简单检索是在指定的范围内,按单一的检索表达式进行检索,并可进行二次检索,但不能实现多表达式的逻辑组配检索。

③高级检索。高级检索是在指定的范围内,按两个以上(含两个)检索表达式进行的检索。

④分类检索。数字化期刊全文数据库将所收录期刊按专业、地区及其他进行了分类,其中按专业分为:医药卫生、哲学政法、农业科学、社会科学、工业技术、经济财政、教科文艺、基础科学八个大类,每个大类又细分出若干个小类。检索时,在相关类目下找到所需的期刊名称。也可在检索区中直接输入刊名关键词,检索出相关的期刊名称。通过单击查到所需的期刊名称,进入该刊主页。期刊主页主要包括:刊名及当年封面、期刊基本情况(包括期刊简介、编委会、稿约和征订启事等)、期刊联系方式以及各期目录导引区域。进入各期目录,从目录中单击文章篇名即可浏览全文内容。

(3)维普信息资源系统。维普信息资源系统是由重庆维普资讯有限公司研制开发的网络信息资源。主导产品《中文科技期刊数据库》收录中文期刊 12 000 余种,全文 1 700 万篇,引文 2 400 万条,分三个版本(全文版、文摘版、引文版)和八个专辑(社会科学、自然科学、工程技术、农业科学、医药卫生、经济管理、教育科学、图书情报)定期出版,拥有高等院校、公共图书馆、研究机构、企业、医院等各类用户 5 000 多家,覆盖数千万个人读者。网站的注册用户数超过 200 余万,累计为读者提供超过 2 亿篇次的文章阅读服务。下面主要介绍《中文科技期刊数据库》检索方法。

《中文科技期刊数据库》提供五种检索方式:傻瓜检索、传统检索、分类检索、高级检索和整刊检索。

①傻瓜检索。首页上的傻瓜检索方式入口位于首页的正中央,直接在输入栏中填写检索条件,即可检索出所需的信息。

②传统检索。在主页中单击"传统检索",即可进入传统检索界面。

A. 选择检索途径。在检索入口处选择检索字段,共有九种检索字段可供选择,分别是"K=关键词""J=刊名""A=作者""F=第一作者""S=机构""T=题名""R=文摘""C=分类号""U=任意字段",其中"任意字段"检索指在所有字段内检索。

B. 选择数据库。界面左方的窗口是《中文科技期刊数据库》专业分类导航和刊名导航系统,选中某专业类别后,任何检索都局限于此类别下的数据。图中选择根目录下的"自然科学"一级类,展开后再选"数理科学"二级类,那么检索范围就局限于"数理科学"类别的信息。直接单击最底层类别就可以在概览区域中直接显示出该类别的记录。

C. 限定检索范围(年限、期刊范围及同义词库、同名作者库)。年限默认为 1989—2004年,也可以逐年限定;期刊范围默认为全部期刊,可选择只检索核心期刊;同义词库功能只有在选择了关键词检索入口时才生效,默认为关闭,选中即打开。同名作者库功能只有在选择了作者、第一作者检索入口时才生效,默认关闭,选中即打开。

D. 检索式。检索式分为简单检索和复合检索。简单检索是直接输入检索词进行的检索。复合检索有两种方式,第一种是利用"二次检索",在第一次结果的基础上再次检索。例如,先选用"关键词"检索途径,并输入"电脑"一词作检索词,得到输出结果,再选择"刊名"途径,输入"××职业技术学院学报"作检索词,在"与、或、非"的可选项中选择"与",点击"二次检索",然后输出的结果就是刊名为"××职业技术学院学报",含关键词"电脑"的文献。二次检索可以多次应用,以实现复杂检索。第二种是直接输入复合检索式,如输入"K=电脑∗J=××职业技术学院学报",和以上输出结果一样。

E. 刊名浏览功能。在检索结果中,单击"刊名",可以看到这种期刊在数据库中的收录年限,单击某年(例如:2006),即可看期刊在该年度中的所有期数(例如:2006 年总共有 12期),然后单击其中任意一期就可以看到这一期主要文章的题目、文摘等信息了。

F. 模糊和精确检索功能。在"检索式"输入框的右侧提供了"模糊"和"精确"检索方式的可选项。该功能在选定"关键词""刊名""作者""第一作者"和"分类号"这五个字段进行检索时才能生效。系统默认"模糊"检索,用户可选"精确"。

③分类检索。在主页中单击"分类检索"后进入分类检索页面,单击"分类检索"下列出的任何一个类别即可进入所单击类别的下属子类,单击其中一个子类以后,将显示出该子类包含的全部文献标题、作者、刊物名称和出版年。同时该页面的上方会出现一个检索框,可以进一步缩小在该类下的文献搜索范围,系统默认是在关键词和题名字段中进行检索。用户还可以通过单击"在结果中搜索"或"在结果中去除"做进一步的检索。

④高级检索。"高级检索"可以进行功能更强、灵活度更大的检索。在"高级检索"的界面中,用户可以选取在全部专辑或是部分专辑中检索,然后可以选择各专辑之间的逻辑关系,系统定义的逻辑关系有"与""或""非"。分别对应符号为"∗""+""-"。用户可在主检索界面上一次性实现二次检索后的结果。同时,系统还提供了选择"模糊"和"精确"的检索方式。

⑤整刊检索。"整刊检索"是一种模拟传统浏览纸本书刊的检索方式。进入主界面

后,可在期刊搜索中按刊名或 ISSN 来检索查寻期刊,也可以在"按字顺查"中按拼音顺序查刊名,还可以在"按专业查"中直接单击专辑的类别,进入后单击刊名,直接浏览该刊的文章。

全文浏览。目前,维普全文数据提供 PDF 和 VIP 文件格式,需分别下载 Adobe reader 5.0 以上的阅读器和维普"全文浏览器",这两种阅读器使用都方便,且功能全面,可进行全文阅读、打印、放缩、翻页、文字提取或文字识别等操作。

(四)资料收集注意事项

1.有效限定选题范围

毕业论文撰写首先要进行选题,很多学生在选定题目之后都面对图书馆图书的多样性而束手无策。因为针对某一项研究存在着多种可能的方法,而每个专业里的内容又允许学生有相当的自由,因此会让第一次正式从事研究的学生心生畏惧。由于客观原因的存在,导师与学生的时间冲突,讲授研究方法与研究课题以及学生的理解力等方面的问题,往往造成学生对研究专题需要的文献资源等缺乏了解。因此每个学生在毕业论文写作前就应该和导师交换意见,以获得关于如何分析选定主题范围的指导。每一所大学都有自己的标准,导师能够在这些方面给学生建议。导师知道图书馆是否有与研究题目相关的可获取的特殊资源。

研究论文开展计划是为学生提供对已经存在的专业拾遗补阙的机会,但是能不能做到这一点,则取决于学生是否清楚这个主题,什么是已知的,什么是已经写过的。如果发现关于分析主题存在数百种书籍或者文章,那或许是学生还没有有效地缩小范围。阅读关于这个主题最常被引用的或者最近的文章和书籍。查明最主要的争论领域是什么。如果发现该领域文献相当匮乏,就可能是方向上错误或者题目定义过于狭窄。这就需要重新限定搜索条件。在阅读过程中,要仔细记录该领域中都有什么人已经做了什么研究,研究的深度及方向是什么。

当论义的研究题目经认真论证并获得可行性后,即已经确定分析目标后,应该开始围绕目标进行尽可能充分的阅读。不仅要阅读所有关键的文献著作,也要围绕主题范围进行广泛阅读,调查相关的领域或者类似的题目,为确定合适的理论途径和分析方法寻找思路。

因为要研究的问题必须有新的见解,所以通过围绕研究主题尽可能地广泛阅读已有的文献,就是确保自己不是在老调重弹的重要前提。学生可以从课堂上使用的文献开始。从浏览相关课程的阅读书目开始,配合搜索本学校的图书馆目录,寻找有关于该主题的书籍。利用这些书和文章的参考书目找到可能和研究题目有关的更多相关标题。然后再快速浏览相关章节的内容,只看标题和每一段的关键中心句。记录主要论题,并讲明归属与研究课题的关系。

2. 合理安排时间

学生们常常面临的另一个主要问题是无法有效地管理时间。有的学生会在写论文期间实习,有的甚至开始联系工作。所以他们常常必须既要工作又要学习。这样就很难专心地查找相关文献。因此这就在时间管理方面提出难题。大部分人都会发现进行独立的研究是一项相当大的挑战,所以必须注意在研究期间一定要进行严格的自我管束。当开始研究的时候要组织好自己的时间,预先想一想什么时候可以花点时间做研究,什么时候开始找资料,什么时候开始组织材料,什么时候进行研究,什么时候收尾等。最理想的情况是,每天做一点,每天拿出一个小时用于研究。也许还应该思考一下如何把研究融入每天的常规日程。常规性会让这项工作完成得更有效率,而不是最后阶段临时抱佛脚,那时候也许会出现无法预料的其他压力。

3. 确定文献资源

在电子信息时代,查找资料的进度与方便程度取得了很大的进展,但是图书馆仍然是大多数研究资料的来源。不论进行什么研究,主题是什么,都应该先从图书馆中寻找相应的资料。一定要弄明白在初步研究中需要什么资料,哪些资料能在学校图书馆中找到。

对学生而言,最有学术价值的信息来源是学术期刊上刊登的文章。学术期刊是学者们发表他们最新研究的地方。在最主要的研究杂志的最近几期里,会看到最前沿的研究。期刊通常由学者编辑,并且目标读者也是学者。如果还处在主题研究的开端,可能会发现其中的一些文章很难理解。

为了确定找到发表过的资料,学生必须了解索引、目录,以及数据库的使用方法和技巧,这也是在计划研究阶段就应该预先熟悉的。每所学校图书馆目录是寻找相关书籍和期刊的第一站。要寻找与所选主题相关的文献,寻找图书目录是最简单和最直接的方式。

4. 文献研究

文献研究应该将针对选定的主题的书籍和文章作为小整体,针对前人的著作进行广泛的阅读。应该尽力找到针对分析目标已有的内容分析,这样才能发现以前的研究者对这个题目已经有什么见解。但是,如果找不到正好针对想要的主题的文献,也不要慌张。比如,如果正在研究文学某一主题,学生会发现几乎没有哪个文献是正好针对这个题目的,但是会有一些书籍或者文章针对文学或者文学的某一方面。这些文献同样可以提供一些有价值的信息和理论观点。

文献研究对任何形式的分析都是非常重要的。研究问题的答案不可能在学术期刊的页面上找到,学生必须运用文献进行研究,确保事实准确无误,了解专业领域的发展动态,查出他人已有的研究成果。确保不会盗袭前人。因此任何文本分析都能从参考已发表的研究文献中受益。

大多数研究方向对文献研究的数量都有一定要求。这时,需要访问学校图书馆或者浏览网站以查明在课题或者研究方法上其他人已经作出了哪些论述。如果将文献作为第二手的资料来源或者背景材料,就会把注意力集中在从阅读中筛选特定信息。当使用文献搜寻背景材料时,要想在查阅中有最大收获,应该确保事先就想好自己寻找的目标。

文献研究要求在查阅资料之前、之中和之后认真规划,确保知道将要查阅什么资料和为什么查阅。并且一定要确保分析目标是可以获得的,否则就要重新界定它,以确保有一个清晰简洁的研究问题。确定主题以后,把时间计划表做好,按照计划表一步一步查找相关文献资源,然后进行文献资源研究,确定哪些可以使用,哪些不能使用,确定研究方向,就可以按照研究方向进行下一步的研究了。

研究精选的文献资料以获得必要的数据。只有在纵览所有到手资料的基础上才能开始查看内容上的细节。对所查阅的材料,仔细做笔记。将笔记和查阅收集的信息放在一起,然后开始将资料分类。下一步,回到起始理论。想一想为什么想做这项研究,已经收集到的资料是否能够完全支持假说,根据找到的资料是否改变了想法,是否有意料不到的发现,并且要把发现和开始的研究问题联系起来。在讨论里把所有走过的弯路都包括进去。

综上所述,文献研究和查找是毕业生开展毕业论文撰写的首要任务和前提,只有在指导教师、学生和图书馆管理人员的共同努力下,才能准确、快速、充分、高效地完成。因此,有效限定选题范围,合理安排时间规划,确定文献资源和认真开展文献研究是保证这一过程顺利完成的必要要求。

二、资料的整理

(一)资料的分类

对收集来的资料不要随手一放,置之不理,而是要认真阅读,仔细加以分类,进行研究。主要的分类方法有以下两种:

1. 主题分类法

按照一定的观点把资料编成组,这"一定的观点",可以是综合而成的观点,也可以是自己拟订的观点。例如,为研究"培育建筑劳动力市场"的前提条件,作者拟订了自己的四个观点:一是市场经济体制的确定为建筑劳动力市场的产生创造了客观环境;二是建筑产品市场的形成对建筑劳动力市场的培育提出了现实的要求;三是城乡体制改革的深化为劳动力市场的形成提供了可靠的保证;四是建筑劳动力市场的建立是建筑行业用工特殊性的内在要求,并按这四个观点对资料加以分类。这样可以加深对资料的认识,进一步使认识条理化、系统化。

2. 项目分类法

即按照一定的属性,把收集的资料分项归类。下面介绍辽宁大学的王连山教授列的项目分类:

理论类项目	1. 经典作家、名人言论 2. 概念 3. 科学的定义、定理、公式、法规 4. 一般公理、常识、成语、谚语、名言警句 5. 资料作者本人的观点
事实类项目	1. 个别事例,包括资料作者所引用的古今中外的事实、人物活动、言论、诗词等 2. 各种统计数字、图表 3. 资料作者的片段论述
随想类项目	1. 本人随时记下的感想 2. 观察所得 3. 调查所得 4. 零星的文字记录

（二）资料的辨析

如何对收集到的资料进行整理呢？资料的整理过程实质上是资料的辨析过程,这里有几方面的工作是不可缺少的。

1. 辨析资料的适用性

选择资料的依据,只能是作者所要阐明的中心论点。什么资料可用,什么资料不能用,都要根据这个中心论点决定。毕业论文的中心论点一经确定之后,它就是统帅一切的东西,资料必须服从于中心论点的统帅。不能把一些不能充分说明问题的资料搬来作牵强附会的解释,也不能将所有资料统统塞进文章里,搞得文章臃肿庞杂,中心反而不突出,扩大了篇幅。比如《"城市更新"与园林绿化关系的几个问题》一文,作者收集了大量的有关园林绿化的资料,却没有收集城市建设与园林绿化关系的资料。这些不适用的资料塞入论文之中,导致论文中心被冲淡,降低了论文质量。

2. 辨析资料的全面性

如果材料不全面,缺少某一方面的材料,论文的论述也往往不圆满、不全面,会出现偏颇、漏洞,或由于证据不足难以自圆其说。以《浅论厂长负责制与职工民主管理》一文为例,由于作者只收集了两者互相依赖、互相促进的资料,没有收集两者存在矛盾的资料,结果文章只做了一半,因如何处理好两者矛盾这一重要方面被疏漏了,大大影响了论文的质量。

3. 辨析资料的真实性

资料真实与否直接关系着论文的成败。只有从真实可靠的资料中才能引出科学的结论,在这方面要注意:其一,要尊重客观实际,避免先入为主的思想,选择资料不能夹杂个人的好恶与偏见,不能歪曲资料本来的客观性;其二,选择资料要有根有据,采用的第一手资料要有来历,选取的第二手资料一定要与原始文献认真核对,以求得最大的准确性;其三,对资料来源要加以辨别,弄清原作者的政治态度、生活背景、写作意图,并加以客观的分析评价,对社会科学方面的资料更应该注意这一点。

4. 辨析资料的新颖性

资料的新颖性包括两方面的含义:一方面,是指前所未有,近期才出现的新事物、新思想、新发现、新方向。比如《股份合作制经济刍议》一文的作者,选取了当时中国大地上新出现的农村股份合作制经济中的新动向进行研究。另一方面,是指某种事物虽早已存在,但人们尚未发现其价值,这同样是新颖的资料。比如《试论人口与经济的循环》一文中,人口与经济的关系早已存在,它们之间存在着良性循环和恶性循环,这也是客观事实,但这两种循环会带来两种根本不同的后果,以前人们对这几乎没有认识。现在以两种循环的资料来揭示两种循环的后果,从而阐明控制人口的重要性,不失为一种新颖的资料。所以,所谓新颖,不仅仅对资料产生的时间有所要求(不能太陈旧),更重要的是要从普遍常见的资料中发掘别人尚未利用的东西。

5. 辨析资料的典型性

资料的典型性就是指这种材料对于它所证实的理性认识来说,具有充分的代表性。恩格斯的《论权威》,选择了纺纱厂、铁路、航海三个例子作为论据。第一个论据阐述得最详细,第二个论据比较概括,第三个论据只是轻轻一笔。他没有用更多的阐述,就把问题说明了:"一方面是一定的权威,不管它是怎样造成的,另一方面是一定的服从,这两者,不管社会组织怎样,在产品的生产和流通赖以进行的物质条件下,都是我们所必需的。"材料不多,却具有无可辩驳的逻辑力量。产生这样的效果,一个重要原因在于材料选得十分精悍典型。

(三)资料的选择

在写毕业论文时,要从各方面收集丰富而详细的材料,这些材料是分析提炼主题的基础。主题确立了,还需要材料来证明。但是,所收集的材料是丰富而复杂的,不能都拿来使用,还要经过选择,才能使用。在组织观点与材料时,还要注意语言的正确表达。有些毕业论文在使用材料和语言表达上,主要有以下几种问题:

1. 选择材料脱离论文的主题

选择材料必须紧紧围绕主题,为表现和论证主题服务。凡是能有力地说明、突出、烘托主题的就选用,否则就舍弃,这是选择材料的一个基本原则。有些毕业论文在运用材料时常常犯不忍割爱的毛病,将一些与主题无关的材料写进文章里,材料与主题脱节,影响了主题的表达。例如,有一篇论述"办好业余教育"的文章,文中插入一位老科学家的一段故事:"1908年,慈禧、光绪都死了,那时要一天举一次哀,在我上学的那个小学校里,举哀下跪时,小学生都嘻嘻哈哈,监学也看不过来,但骂我骂得最厉害。后来我头一个剪的辫子,引起风潮,结果记我一大过,所以,我恨封建制度。辛亥革命时,我也几次想离开唐山,跟我的同学杨杏佛等人回到南京参加总统府的工作,但是妈妈来信说:革命是对的,但要先有学问才能革命。我觉得也对,因此发愤苦学,在唐山路矿学堂五年,我年年考试都是第一名。"这段材料是感人的,但它与"办好业余教育,为国家多培养人才"这个主题无关,作者使用这个材料,便违背了围绕主题选材的原则,犯了材料脱离主题的毛病,应该删去。

2. 选择材料不够典型

所谓典型材料,是指那些有特征、有代表性,能有力地揭示事物的本质,能集中地表现论文主题的材料。围绕主题选材,但没有必要,事实上也不可能把与主题有关的材料都写进去,必须精选典型材料。魏巍在写《谁是最可爱的人》之前,曾写了一篇《自豪吧,祖国》的通讯,里边用了二十多个生动的例子,以后写《谁是最可爱的人》,只从中选择了五个事例,后来又删掉了两个,只精选了三个事例,分别表现中国人民志愿军对待敌人、对待朝鲜人民和对待自己的不同态度,从而揭示了"最可爱的人"的本质特征。所以魏巍说:"用最能代表一般的典型例子,来说明本质的东西,给人的印象是会清楚明白的,也会是突出的。"写毕业论文也是同样的道理。有些学生在写毕业论文时,往往不注意选择典型材料,把有关的材料不分粗细一齐都写进去,这样就会造成材料堆积、文章冗长,主题反而不能清楚明白地表现出来。

3. 选择的材料不够真实

论文中用的材料只有真实,才有力量。所谓真实,是指材料确是客观存在的,能反映客观事物的本来面貌。论文中所运用的材料真实,论点才站得住,才有说服力。而有些学生的毕业论文选材不准,没有鉴别真伪,引用的历史人物、事件、时间、地点、数字、引文等没有认真地核对,出现误差。这样,文章不能叫人信服。造成材料不真实的原因有二:一是由于观察不细和调查不实造成的。写文章在选用材料的时候,没有调查核实,有的人云亦云,有的用第二手材料并且没有核实,前者失实,后者照搬套用也出现失实。二是为了文章丰富感人,搞所谓的"合理推理",给事实材料添枝加叶。有一个学生在写一篇关于农村赌博风方面的文章,没有具体的统计数字,就推理"在农村干部赌群众赌,男人赌女人赌,白天赌晚上赌,老人赌小孩赌,可以说无处不赌、无人不赌"。这种结论显然是夸大其词,很难让人信服。

4. 选择材料不新颖

撰写论文,选择材料要新颖。新颖,就是新鲜,引人注目。写文章选择新颖的材料,能增强论文的现实性,使人耳目一新。这就要求在写论文时,要注意发现新生事物,选择这方面的材料。要写别人没有写过,或很少写到的人和事。要从不同的角度选材,给人新鲜的感觉。要注意选择新出现的有特色的材料。有的毕业论文,用一些过时的陈旧的事例,看上去是老面孔、老腔调,摆出的材料是"陈年烂谷子",没有新鲜感和现实性,文章就显得没有说服力。如有一篇关于农村改革的文章,写作时间是 1995 年,文中运用的数字事例都是 1990

年,显然是调查不到家,用了一些过时的数字。

5.选择的材料与主题关系不大

论文中的材料,是用来阐明文章的中心思想的。什么材料可以用,什么材料不能用,都要根据论文的中心论点来决定。中心论点一经确定之后,就成了统帅一切的东西。材料必须服从于中心论点的统帅。不能把一些不能充分说明问题的材料搬来作牵强附会的解释,也不能将所有材料统统塞进文章,搞得文章臃肿庞杂,中心不突出。这里有一个剪裁的功夫。在剪裁材料时,与主题有关的材料要详写,无关的材料不要写;主要材料要详写,次要的材料要略写;典型的精彩材料要详写,其他的则略写。有的论文,选用材料贪多求全,不分主次,胡子眉毛一把抓,把一些与论点无关的材料都用上。有的论文中的小论点和用以说明的材料不一致,这样虽然扩大了文章的篇幅,但逻辑性不严密,说服力不强。

6.表达材料的语言不精当

一篇优秀的论文,不仅观点要正确,材料要新鲜,而且表达的观点和材料的语言也必须准确、流畅、精当。有些论文在语言表达上存在一些问题,主要有:

(1)用词不准确。例如,"这是对社会主义建设的一种最可怕的、难以弥补的破坏和损失",这是定语和中心词语搭配不当,应改为:"这是对社会主义建设的一种最可怕的破坏,造成了难以弥补的损失。"又如:"我们于第一学期就着手选题。"这里实际是指即将毕业的那一个学年的上学期开始着手选题,用"第一学期"就很容易让人理解为刚入学的那个学期,属于语言含糊不清。

(2)语意空泛难懂。有人喜欢自造一些别人不懂的语言。例如,"在写作过程中,'内孕飞跃'的结果是文章的内言语形态,'外化飞跃'的结果是文章的外言语形态"。句中"内孕飞跃、外化飞跃"是自造的空泛之词,让人捉摸不透,不知其真实含义。

(3)用词不符合规范。如在一些文章中,"级"和"届"分不清,两个概念混淆。其实,两字的含义十分明确,"级"是指入学的年份,如"二〇〇七级"即2007年入学的年级;"届"是指毕业的年份,如"二〇〇七届"即2007年毕业的年级。如果搞混了,就会出现很大的差错。

(4)誊写标点、格式不规范。乱用标点符号,错别字多,誊写不符合格式等。例如,有的每段开头顶格写,有的抬头只空一格,标题分层、序码不合规范,外文字母不用印刷体书写,誊抄后不再审查,出现错字、漏字、笔误等。还有论文中图表方面的问题也较多,主要是:一是图表过多,安排不适当,有的互相重复,有的不能说明问题,有的太复杂和零乱;二是不合规范,制作粗糙,如图中文字十分潦草,表格设计不合理,反映事物不准确、不完整,表达不够清楚等。这些也会影响论文的质量。因此,论文中图表必须精心设计和制作,要符合要求。

第四节　毕业论文的构成

毕业论文的撰写，必须遵循一定的格式结构。

一、标题

论文标题是一篇论文给出的涉及论文范围与水平的第一个重要信息，也是编制题目、索引等二次文献可以提供检索的实用信息。

毕业论文标题的样式很多，但无论是何种形式，都是全部或以不同的侧面体现论文作者的写作意图和主旨。标题要简单明了，直接、正面提示论文的主要内容，使读者能一眼看出论文的中心内容要讲什么。标题要避免使用非公知公用的缩写词、字符、代号，尽量不出现数学公式和化学式。对论文标题的要求是：准确得体、简短精练、新颖醒目。

（一）准确得体

论文标题必须准确表达论文内容，恰当反映所研究的范围、深度或论点。要使人看了标题便知晓文章的大体轮廓、所论述的主要内容以及作者的写作意图，而不能似是而非、过于笼统，标题不能过于抽象、空洞，也不能采用非常用的或生造的词汇，使人看了不知所云。因此，标题要紧扣论文内容，或者说论文内容与论文题目要互相匹配，即题要扣文，文也要扣题。这是撰写论文的基本准则。

（二）简短精练

标题力求字数要少，用词需要精选。至于多少字算是合乎要求，并无统一的硬性规定，但一般一篇论文标题以不超出 20 个字为宜，过长容易使人产生烦琐和累赘的感觉，得不到鲜明的印象，从而影响对文章的总体评价。不过，不能由于一味追求字数少而影响标题对内容的恰当反映，在遇到两者确有矛盾时，宁可多用几个字也要力求表达明确。

若简短题名不足以显示论文内容或反映不出属于系列研究的性质，则可利用正、副标题的方法解决，以加副标题来补充说明特定的实验材料、方法及内容等信息，使标题既充实准确又不流于笼统和一般化。

（三）新颖醒目

论文标题虽然居于首先映入读者眼帘的醒目位置，但仍然存在标题是否醒目的问题，因为题目所用字句及其所表现的内容是否醒目，其产生的效果是相距甚远的。标题和文章的内容、形式一样，应有自己的独特之处，做到既不标新立异，又不落俗套，从而激起读者的阅读兴趣。

二、目录

设置目录的目的主要是使读者能够在阅读该论文之前对全文的内容、结构有一个大致的了解，以便读者决定是读还是不读，是精读还是略读等，为读者选读论文中的某个分论点时提供方便。长篇论文除中心论点外，还有许多分论点。当读者需要进一步了解某个分论点时，就可以依靠目录而节省时间。

目录一般放置在论文正文的前面，因而是论文的导读图。要使目录真正起到导读图的作用，必须准确、清楚无误及完整。文章的各项内容，都应在目录中反映出来，不得遗漏。

三、论文摘要

（一）什么是论文摘要

摘要也就是内容提要，是论文中不可缺少的一部分。它是建立在对论文进行提炼的基础之上，用简单、明确、易懂的语言对全文内容加以概括，是论文内容不加注释和评论的简短陈述，其作用是不阅读论文的全文，就能获得必要的信息。摘要的内容应包含与论文同等量的主要信息，供读者确定有无必要阅读全文。论文的主要内容、获得的基本结论和研究成果、突出的新见解、结论等都应该在摘要中体现出来。

（二）论文摘要写作要求

1. 论文摘要的分类

论文摘要分为中文摘要和外文（一般为英文）摘要。文字必须简练，内容亦需充分概括，通常中文摘要为 200～300 字，毕业论文摘要可适当增加篇幅，为 300～400 字。

2. 论文摘要的基本规范

（1）应以第三人称写作。国家标准《文摘编写规则》（GB 6447—86）要求，论文摘要的写作应以第三人称方式对论文的中心内容进行客观叙述。这是因为读者所阅读的就是该篇文章，接受的就是该作者的观点，如果摘要仍以"本文""笔者""本试验""本研究""我们"等第一人称及主语出现，无异于画蛇添足。

（2）摘要是完整的短文，论文摘要内容一般包括研究目的、方法、结果和结论四个基本要素，这些基本要素要求在论文摘要中准确而完整地体现出来。

（3）文字要简明扼要，采用直接表述的方式，不使用不必要的文学修饰，不含前言、背景等细节部分，也不包括作者将来的计划以及与此课题无关的内容，做到用最少的文字提供最大的信息量。

(4)摘要中不使用特殊字符、图表以及由特殊字符组成的数学表达式,不能列举例证。

摘要作为一种特殊的陈述性短文,书写的步骤与普通类型的文章有所不同。摘要的写作时间通常在论文完成之后,但也可以采用提早写的方式,然后再边写论文边修改摘要。从目的、方法、结果和结论四要素出发,通读论文全文,仔细将文中的重要内容一一列出,特别是每段的主题句和论文结尾的归纳总结,保留梗概与精华部分,提取用于编写摘要的关键信息。然后看这些信息能否完全、准确地回答摘要的四要素所涉及的问题,并要求语句精练。若不足以回答这些问题,则重新阅读论文,摘录相应的内容进行补充。最后,将这些零散信息组成符合语法规则和逻辑规则的完整句子,再进一步组成通畅的短文,通读此短文,反复修改,达到摘要的要求。

四、关键词

关键词是主题词中的一类。主题词是一种新型检索词汇,多用于计算机网络检索。主题词的选取应为通用技术词汇,是用以表示全文主题内容信息目的的单词术语,不得自造关键词。每篇论文选取 3~8 个词作为关键词,以显著的字符另起一行,排在中文或英文摘要的左下方。

关键词不能使用过于宽泛的词语。选择关键词既可以从论文的各级标题入手,也可以从论文本身的内容选取,将选出的关键词按照所涉及领域的范围从大到小顺序列出。

五、引言或绪论

引言或绪论又称前言、序言和导言,用在论文的开头。引言或绪论应综合评述前人工作,说明论文选题的依据及意义,要对论文的主旨、写作动机、研究方法以及论文的内容加以简要说明。国内外文献综述,阐述应当言简意赅,文字、措辞要精练,吸引读者读下去。引言的篇幅大小,并无硬性的统一规定,需视整篇论文篇幅的大小及论文内容的需要来确定,长的可达 300~600 字。在毕业论文中,为了反映作者确已掌握了坚实的基础理论和专业知识,并对研究方案做了充分论证,有关历史回顾和对前人工作的综合评述、理论分析等可单独成章,以足够的篇幅加以叙述。

六、论文正文

正文是论文的主体,是其核心部分,它占据着论文的最大篇幅。正文应包括论点、论据、论证过程和结论。论文所体现的创造性成果或新的研究结果,都将在这一部分得到充分反映。论文质量的高低主要由这一部分决定。这部分的写作要求为:一是论证充分,说服力强;二是结构严谨,条理清楚;三是观点和材料相统一。因此,要求这一部分内容充实、实事求是、论证有力、主题明确、语言流畅、结构严谨,符合各专业的有关要求。为了满足这一系列要求,同时也为了做到层次分明、重点突出、脉络清晰,常常将正文部分分成几个大的段落。一个段落还可包含几个自然段,每一段落可冠以适当的分标题或小标题。

(1)对毕业论文而言,论文中一定要有自己独立的见解或通过试验得出的科学结论,而不能简单地重复前人的观点。论文有了较新颖的观点或结果,文章才有收藏或应用价值。

对毕业生来讲,可以采用新的材料论证旧的课题,从而提出新的或部分新的观点、新的看法。也可以新的角度或新的研究方法重做已有的课题,从而得出全部或部分新观点。还可以对已有的观点、材料、研究方法提出质疑,虽然没有提出自己新的看法,但能够启发人们重新思考问题。

(2)当一个好的主题和观点确定后,就要收集大量翔实的论据材料作为支持。旁征博引、多方佐证,要使自己的观点能够得到别人的承认,就必须有大量的、充分的、有说服力的理由来证实自己观点的正确。

(3)毕业论文的论据要充分,还须运用得当。一篇论文中不可能也没有必要把所有的实践数据、观察结果、调查成果或古今中外的事实事例、精辟的论述等全部引用进来,而是要取其精华,舍弃可有可无者。论据为论点服务,材料的简单堆积不仅不能证明论点,反而给人一种文章拖沓、杂乱无章、不得要领的感觉。因而在已收集的大量材料中如何选择必要的论据显得十分重要。一般来说,要注意论据的新颖性、典型性、代表性,更重要的是考虑其能否有力地证明论点。

(4)毕业论文中引用的材料和数据,必须正确可靠,经得起推敲和验证,即论据的正确性。具体要求是,所引用的材料必须经过反复证实。写作毕业论文,应尽量多引用自己的实践数据、调查结果等作为佐证。如果文章论证的内容,是作者亲身实践所得出的结果,那么文章的价值就会增加许多倍。当然,对于掌握知识有限、实践机会较少的大学生来讲,在初次进行科学研究中难免重复别人的劳动,在毕业论文中较多地引用别人的实践结果、数据等在所难免。但如果全篇文章的内容均是间接得来的东西的组合,很少有自己亲自动手得到的东西,那也就完全失去了写作毕业论文的意义。

七、结论

结论是以研究成果和讨论为前提,经过严密的逻辑推理和论证所得出的最后结论。结论是对整个研究工作进行归纳和综合而得出的,包括所得结果与已有结果的比较、本课题尚存在的问题,以及进一步开展研究的见解和建议,为他人继续研究指明方向、提供线索。

要写好结论,还应该注意两点:第一,要使结论部分真正起到收束全文的作用,一般不要提出新的观点或材料;第二,结论的语言要简洁有力、准确、完整,既要考虑与绪论部分相照应,还要考虑与正文部分相联系,给读者留下深刻的印象。

八、参考文献

为了反映论文的科学依据和作者尊重他人研究成果的严肃态度以及向读者提出有关信息的出处,正文中应按顺序在引用参考文献处的文字右上角用[ ]标明,[ ]中序号应与"参考文献"中序号一致,正文之后则应列出参考文献。

毕业论文的末尾列出使用过的主要参考文献。参考文献著录规则是论文的重要组成部分。所列出的文献,应当是作者亲自阅读或引用过的,不应转录他人文后的文献。在写资料的出处时,一定要亲自每篇核实,不要出现任何的差错。所列参考文献应是正式出版物,以便读者考证。列出参考文献有三个好处:一是当作者本人发现引文有差错时,便于查找校正。二是可以使毕业论文答辩委员会的教师了解学生阅读资料的广度,作为审查毕业论文的一种参考依据。三是便于研究同类问题的读者查阅相关的观点和资料。

参考文献要标明序号、著作或文章的标题、作者、出版物信息,以便核对。其标注采用"顺序编码制",即按照参考文献在论文中出现的先后顺序标注。

参考文献的著录,按著录/文献题名/出版事项顺序排列,格式如下:

期刊论文——[序号]作者(多个作者用","隔开,下同).题名[J].期刊名称,出版年(不带"年"字,下同),卷次(期号):起止页码.

专著——[序号]作者.书名[M].译者(对译著而言).版次(第1版不标注).出版地:出版者,出版年:起止页码.

论文集析出文献——[序号]作者.题名[A].见(英文用In):主编.论文集名[C].出版地:出版者,出版年:起止页码.

学位论文——[序号]作者.题名[D].保存地点:保存单位,年份.

报告——[序号]作者.题名[R].保存地点:保存单位,年份.

报纸文章——[序号]作者.题名[N].报纸名(外文报名可缩写,缩写后的首字母应大写),出版年月日,期号:版序.

例:

[1] 张子敏.瓦斯地质学[M].徐州:中国矿业大学出版社,2009.

[2] 国家安全生产监督管理总局,国家煤矿安全监察局.防治煤与瓦斯突出规定[S],2012.

[3] 廖建新.移动智能网技术的研发现状及未来发展[J].电子学报,2003,31(11):1725-1731.

[4] 李大伦.经济全球化的重要性[N].光明日报,1998-12-27(3).

[5] 伍蠡甫.西方文论选[C].上海:上海译文出版社,1979:12-17.

[6] 张筑生.微分半动力系统的不变集[D].北京:北京大学数学系数学研究所,1983:

1-7.

［7］中华人民共和国科学技术委员会.科学技术期刊管理办法［Z］. 1991-06-05.

九、致谢

作者对在顺利完成毕业论文中提供各种资助、指导以及协助完成论文撰写工作的单位和个人表示感谢。

第五节　毕业论文的格式

毕业论文的形式审查应在评阅教师评阅前完成,凡形式审查不合格者,应令其返工,直到达到要求为止。通过形式审查的毕业论文,由学生本人将毕业论文按规范化顺序进行排版、整理,并按要求装订好后交回学院毕业论文工作领导小组,由毕业论文工作领导小组安排评阅教师评阅。不同的学校,毕业论文的排版格式与装订规范不同,下面以重庆某高职院校毕业论文的格式要求为例介绍。

一、毕业论文的排版格式

（一）版面尺寸

版面尺寸:(21.0 厘米×29.7 厘米) A4;版心位置(正文位置):上边界 2.5 厘米,下边界 2.5 厘米,左边界 2.8 厘米,右边界 2.6 厘米,装订线位置定义为 1.0 厘米。

（二）页眉与页码

页眉从第 1 页开始设置,距边界 2.8 厘米,采用五号宋体居中,奇数页页眉为论文的一级标题文字,偶数页页眉为论文的题目;页码采用页脚方式设定,采用五号宋体,用"第×页(共×页)"的格式,处于页面下方、居中、距下边界 2.2 厘米的位置。

二、毕业论文的规范格式

毕业论文应包括以下必备项目:标题、目录、摘要、关键词、正文、参考文献、致谢、附录。

（一）标题

标题上空一行,用小二号黑体加粗,居中。学生、指导教师及所在单位(院系或实习单位)在标题下隔一行,居中,格式:学生:×××,×××学院(系),另起一行居中,格式:指导教师:

×××,工作单位,署名采用小四号仿宋体。署名:写在标题下方,不空行,居中。完成日期:××××年×月,写在署名下方,不空行,居中。

(二)目录

目录一般要列出一级标题。"目录"用小二号黑体,居中;一级标题顶格,小四号黑体;二级标题缩进两个汉字符,小四号宋体;标题文字与页码之间用点线,页码居右对齐。在目录中先依次列出毕业论文任务书、文献综述、指导教师审查意见、评阅教师评语、答辩会议记录、中文摘要;然后用阿拉伯数字列出正文目录及对应的页码。

(三)摘要

摘要是论文的内容不加注释和评论的简短陈述。与完成日期空一行,左起,写明"摘要"字样,点冒号。紧接着写摘要内容,用小四号宋体、两端对齐方式排列。

(四)关键词

另起一行空两个汉字符,左起,写明"关键词"字样,点冒号,紧接着写关键词,关键词之间空一格。4 000字的论文,以3~5个关键词为宜,左面对齐方式排列。

(五)正文

正文另起一页,与关键词空一行,左起。论文题目用小二号黑体加粗,居中,前后段间距1行或12磅。正文标题有两种格式,一种是:正文一级标题采用1.,二级标题采用1.1,三级标题采用1.1.1等,距左边正文边框两个汉字排列,依次类推;另一种格式是:正文一级标题采用一、二、三、等标引,小二号黑体加粗,距左边正文边框两个汉字排列;二级标题采用(一)(二)(三)标引,三号黑体加粗距左边正文边框两个汉字符;三级标题采用阿拉伯数字1.2.3标引,小四号黑体加粗距左边正文边框两个汉字符。各级标题中的英文字母和阿拉伯数字采用半角Times New Roman字体。各级标题与正文前后段间距0.5行或6磅。从此页开始编页码。

正文文本采用宋体小四号、标准字间距、行间距为固定值22磅、所有标点符号采用宋体全角、英文字母和阿拉伯数字采用半角Times New Roman字体的要求排版,每段首行缩进两个汉字。

文中插图以文中出现先后按"图1(空一格)图名、图2(空一格)图名……"(楷体五号加粗)随文排。表格以出现先后按"表1(空一格)表名、表2(空一格)表名……"(黑体五号加粗)随文排。图表中文字用宋体五号、不加粗,英文字母和阿拉伯数字采用半角Times New Roman字体。公式序号以出现先后按"(1)、(2)、……"编排在公式行顶右。

（六）参考文献

位于正文结尾后下隔2行，"参考文献"4字居中，采用四号黑体；具体参考文献目录按五号宋体、两端对齐的方式排列，行间距为固定值18磅。正文中应按顺序在引用参考文献处的文字右上角用［］标明，［］中序号应与"参考文献"中序号一致。

（七）致谢

另起一页，"参考文献"用小三号、黑体、居中，致谢内容按正文文本要求排版。

（八）附录

附录另起一页，必须按正文中出现的顺序编号排列，并用3号黑体靠左对齐方式注明"附录×"字样，附录内容按毕业论文正文文本要求排版。

三、毕业论文的装订要求

毕业论文以A4（21.0厘米×29.7厘米）为基本幅面，其装订顺序及要求如下：

（一）装订位置

左面竖装，装订位置距左边界0.8～1.0厘米。

（二）毕业论文文本装订顺序

封面、目录、任务书、开题报告、指导教师意见、评审教师评语、答辩会议记录、摘要、正文、参考文献、致谢、附录。

第四章　毕业论文的修改与指导

第一节　毕业论文的修改

毕业论文的修改是毕业论文写作过程中一个必不可少的重要环节。毕业论文的修改有广义和狭义之分。广义的修改,包括写作过程中每一个环节的修改;狭义的修改,专指草稿完成之后的加工修改。本章所探讨的论文修改指狭义的修改,其内容和范围包括思想观点的修改(包括主题在内)、材料使用的修改、结构的修改、语言的修改等。

一、毕业论文修改的意义

刀不磨不快,文章不改不好。古往今来,任何有作为的作家,都极为重视文章修改。美国著名作家海明威先生在写《老人与海》的过程中,其手稿反复读了近200遍,也修改了200次才最后付印。我国著名作家巴金说过"写到死、改到死,用辛勤的修改来弥补自己作品的漏洞"的名言。由此可见,修改是论文写作中一个非常重要的环节,从某种意义上可以说是具有决定性作用的环节。

(一)认识过程的艰巨性决定了修改的必然性

毕业论文要求大学生运用所学过的知识,理论联系实际,阐述对生产实践中的一些规律性的认识。论文是反映作者对客观事物的认识,而客观事物是丰富多彩、曲折复杂的,认识它不容易,反映它更困难。因为,一方面,这种困难来源于客观事物本身的内部矛盾有一个逐渐暴露过程,它的发展是曲折复杂的;另一方面,这种困难来源于人的认识要受到各种主客观条件的制约,在认识过程的各个阶段中稍有疏忽,就容易出现片面性和主观性。毛泽东在《反对党八股》中指出:"文章是客观事物的反映,而事物是曲折复杂的,必须反复研究,才能反映恰当;在这里粗心大意,就是不懂得做文章的起码知识。"人们对研究对象的认识有一个由现象到本质、由片面到全面、由不够深刻到比较深刻的过程。而且人们对研究成果的反映也有一个由不够准确、恰当,到比较准确、恰当的过程。写论文就是对研究成果的反映,在从不够准确、恰当到比较准确、恰当的转变过程中就必然有一个修改的环节。列夫·托尔斯泰说过:"黄金要经过淘洗才能得到,精辟的、被表达得很好的思想也是这样。"由此可见,修改文章符合人的认识规律。

写论文,从本质来说是一个认识过程,它包括由客观事物到人的主观认识的"意化"过程和从主观认识到书面表现的"物化"过程。在意化过程中常常出现"意不符物",即主观认识未能完全、正确地认识客观事物;而在物化过程中又容易发生"言不达意",即写成的文章不能完整、准确地反映作者的观点。因此,在写论文过程中,多一次修改就多一次认识,多一次修改就前进一步,至少可以减少失误和克服不足。正如作家老舍所说:"文章必须修改,谁也不能一下子就写成一大篇,又快又好。"

(二)修改是论文写作中贯穿始终的重要环节

修改从形式上看是写作的最后一道工序,是文章的完善阶段,但是从总体来看,修改是贯穿整个写作过程的。写作一般可分为四个阶段,在每一个阶段都应该加强修改功夫。第一阶段,酝酿构思中的修改。论文在动笔之前,要酝酿构思打腹稿,修改就要从这里开始,如确立中心、选择题材、布局谋篇等,都要经过反复思索,有分析也有综合。这不落笔端的修改,却决定着通篇的成败,腹稿改得好,写起来少走弯路。如果确定了一个严密的提纲,搭起一个好架子,文章结构就不会有大变动。所以动笔前一定要深思熟虑,不要信笔写来再作大改。第二阶段,动笔后的修改。落笔以后就进入细致的思索过程,形象思维与逻辑思维交用,有事理的推断,形象的探索,层次的划分,段落的衔接,句式的选检,词汇的斟酌、推敲。各方面都可能经过反复分析、对比、抉择,在改换取舍一些词语、句式、层次、段落之后完成初稿。这就是边写边改、边改边写的阶段。第三阶段,初稿后的修改。要逐字逐句、逐层逐段地审读,作通盘的修改。在修改中不仅要字斟句酌,还要考虑材料取舍、层次安排、结构组织、中心思想的表达,等等。第四阶段,在指导老师指导下修改。指导老师审阅后,对草稿的优点给予肯定,并指出全文的不足。学生在听取指导老师的评讲后,要进一步发现自己文中的优缺点,研究要透,领悟要深,然后重新考虑修改。这时候的修改并不是一两次能结束的,修改的难度也比原先增大了。但是,如果改好了,文章水平会有显著提高。

毕业论文是大学生在校期间向学校提交的最后一份书面作业,从教师的角度来说,指导学生写毕业论文,是教师对学生所做的最后一次执手训练。任何一个人第一次独立地完成某项工作,都离不开老师或家长和其他人的指点。对大多数学生来说,写论文在他们的经历中还是第一回。在毕业论文写作过程中,他们自始至终都需要教师的鼓励、帮助和指导。

(三)毕业论文是学生留给学校的一份宝贵财富

毕业论文的指导过程,是教学相长的过程,是教师检验其教学效果、改进教学方法、提高教学质量的大好时机;同时也是学生对所学知识的综合运用,是学生通过应用所学理论知识去分析实际问题,解决实际问题能力的生动反映,也是对教学效果的一次全面反馈。

教学过程是一种双向交流的过程,学生从学校获得的是知识,接受的是文化浸染和道德的熏陶。同时,学生也以各种方式影响着学校,有的学生才华卓越、见识广博、经历独特等,这些都给学校的领导和教师留下深刻的印象,而毕业论文则是学生留给学校的另一份特殊的精神财富。每届学生毕业,都留下一批毕业论文,其中不乏优秀之作。这些来自第一线的、带着学生真情实感的素材,是学校一笔宝贵的财富。学校可以用它来丰富教师的教学内容,启发教育后来的学生;也可以用它来分析解决某些实际问题或理论问题,填补这些领域科研的空白;还可以推荐给有关部门或报纸杂志发表,以扩大影响。

所以,要更好地体现学生毕业论文的价值,作好毕业论文的修改就是尤为重要和必要的。

(四)论文修改是提高写作能力的重要途径

毕业论文的写作是写作能力的锻炼和综合能力的训练。要提高写作能力,既要多写,更要多改。古人说:"善作不如善改","文章是改出来的"。通过修改论文,可以进一步提高学生遣词造句、建构文章的能力和逻辑推理的能力。有不少大学生思维敏捷,写文章的速度也比较快,但是由于不重视文章的修改,推敲和琢磨较少,写成的文章往往结构比较松散,词句重复啰唆,错别字较多,写作水平有待进一步提高,因此应该把修改看作写作过程的一个重要阶段。学习怎样修改文章,就是对写作能力的一种基本训练,而且是更有效的训练。鲁迅把领悟"不应该那么写",即修改初稿的方法,称为"极为有益的学习方法"。从某种意义上说,会不会写文章,可以用会不会修改来衡量。

此外,修改毕业论文,也是培养学生和指导教师严谨的治学态度和良好学风的需要。文章写出来是给别人看的,会对社会产生一定的影响。因此,作者必须抱着对读者、对社会高度负责的精神认真修改论文。认真修改论文,严格把关,这是一种严谨的科学态度和治学态度。

总之,指导学生写好毕业论文,无论对国家、社会,对学校、学生和教师,都具有重要而实际的意义。

二、毕业论文论点的订正

论点是论文的中心和灵魂,是整篇文章的"纲"。在写作之前,有必要检查论点是否正确;是否集中、明确和突出;是否深刻,能否精辟地反映事物的本质。写文章的主要目的是表达自己的思想,宣传自己的主张,如果自己的认识不深刻,甚至有错误,就不可能使别人得到教益,甚至会给人造成不良的影响。

　　同时由于文章的论点是文章的统帅,如果作者的认识肤浅,见识不高,要想把文章的材料、结构等整理好,也是困难的。而对论文观点的基本判断,一是看全文的观点以及说明它的若干从属论点是否偏颇、片面或表述得是否准确;二是看论文的观点是否深刻,注意自己的观点是否与别人雷同,有无深意或新意。那么如何对毕业论文的论点进行订正呢?

　　第一,要综观全局,立足全篇,审视文章的中心论点是否正确、集中、鲜明、深刻,是否具有创新性,文题是否相符,若干从属论点与中心论点是否一致,某些提法是否科学、准确。如果中心论点把握不准确,不能把最典型、最具本质意义的思想和规律揭示出来,或者有某种失误和偏颇,就要动"大手术",进行一次大改写甚至重写;如果文章中的论点落后于形势的发展,缺乏新意,就要重新构思和概括,或改变论证角度,进一步挖掘现象背后的意境和提升文章的境界。

　　第二,对于论文中出现的主观、片面、空泛的观点,要进行强化、增补等改写工作,把有失偏颇的观点改得中肯,把片面的认识改成全面的认识,将模糊不清的论点改得旗帜鲜明,将粗浅的改得深刻,将松散的改得集中,将有失分寸的改得尺度恰当,把陈旧的改得新颖,立意由低俗而变为升华。

　　第三,修改论文的标题。论文的标题是论文的"眼睛",如果标题短小、精练、鲜明,就能传神生辉,使人一看便产生浓厚的兴趣。所以对初稿的标题进行斟酌、推敲和改动,是非常重要的。论文写作,文和题是互相作用、互相影响的。文要切题,题要配文,如果文不对题,标题过长或过于笼统,都必须修改,要使标题能概括地表达论文的中心论点和讨论的范围,起到"画龙点睛"的作用。

三、论文材料的更改

　　材料是文章的血肉,写文章不能没有材料。毕业论文如果缺少翔实的材料,就会像毛泽东主席曾经批评过的党八股那样,"空话连篇,言之无物","像个瘪三,瘦得难看"。论文的材料不可太少,也无须太多。材料翔实,论据充分,论文才有说服力。材料太少,就会使文章显得内容空洞;材料太多,淹没观点,理论性不足,也是疵病。因此,学生初稿写成后,教师要指导学生对材料重新评价,加以必要的修改。

　　修改材料,主要指对论文引用的材料进行增加、删减或调整。材料是文章中的"血肉",它是证明观点的论据,是论点成立的依托。因而对选用材料的基本要求是:一是必要,即选用说明观点的材料;二是真实,即所用的材料必须符合实际,准确可靠;三是合适,即材料引用要恰当,不多不少,恰到好处。在修改论文中,要看引用的材料是否确凿有力;是否有出处;是否能相互配合说明论点;是否发挥了论证的作用;是否合乎逻辑;是否具有说服力。要把不足的材料补足,把空泛的、陈旧的、平淡的材料加以调换;要把不实的材料和与主题无关的材料坚决删除。

修改材料一般分两步进行：

第一步是查核校正。即先不考虑观点、结构、语言，只查核材料本身是否真实、可信、准确，包括对初稿中的定律、论断、数据、典型材料、引文出处等进行核对，发现疑点和前后矛盾的地方，一定要搞清楚、弄明白，如果引用了经典作家的话，如有条件最好核对原文，把一切失误、失实和有出入的材料给予删除或改写准确，保证论文建立在坚实可靠的基础之上。

第二步是根据论证中心论点和各分论点的要求，对材料进行增、删、调。用于论证的材料以实用、够用为度。对于缺少材料或材料单薄、不足以说明论点的，就要增补有代表性、有典型性的新材料，使论据更加充实，使论证变得更充分有力。对材料杂乱、重复，或材料与观点不一致的，则要删减，以突出观点，不能以材料多而取胜，应以适度为佳。对于陈旧、一般化的材料，则要进行调换，换上更新的、典型的、合适的材料。

四、论文结构的调整

毕业论文的基本结构由绪论、本论、结论三大部分组成。绪论、结论这两部分在提纲中应比较简略。本论则是全文的重点，是应集中笔墨写深写透的部分。

论文结构的调整，主要是检查文章结构是否合理。所谓结构不合理，表现在头绪繁多而杂乱，层次不清晰，重点不突出或重点确定有误，内部次序颠倒，首尾缺乏照应等。

一篇论文要保持合理结构，应符合以下原则：顺理成章，依理定形；以意为主，首尾一致；瞻前顾后，调整结构；次第有序，条理清晰。

论文结构修改具体应从以下几方面着手：

第一，层次是否清楚，思路是否通畅。一般可以先从大小标题之间的关系来看文章的思路和层次。如果论文不设小标题，则必须从内容方面去判断。例如，文章在内容上是否符合"提出问题，解决问题"的逻辑联系；全文的布局、层次和段落的安排是否有条理；层次的脉络是否分明、顺畅；各段的分论点是否明确、协调；对杂乱无章的阐述要梳理通顺，删去重复和矛盾的地方，补上缺少的部分，达到全文意思上连贯通畅。要通过调整，使文章层次清楚，结构严谨，首尾圆合，浑然一体。

第二，结构是否完整。论文要有一个完整的结构。一篇论文要有绪论、本论、结论三大部分，各部分协调一致，既要有引人入胜的开头，也要有翔实的材料、充足的分析论证，还要有鲜明有力的结尾。同时还要审视各个部分的主次、详略是否得当。

第三，结构是否严密。一篇论文的论点与论据，大论点与小论点之间必须有严密的逻辑性。如果论文结构松散，要加以紧缩，删去那些多余的材料，删去添枝加叶、离题太远或无关紧要的句段。为使结构严谨和谐，对全文各部分的过渡和照应、结构的衔接、语气的连贯等方面，也要认真地考虑和修改。

五、毕业论文语言的润色

语言是表达思想的工具。古人吟诗赋文,强调"语不惊人死不休"。而毕业论文,也是学生毕业前最后的、最精美的一件作品,因此要求语言要精美、得体。要使论文写得准确、简洁、生动,就不能不在语言运用上反复推敲修改。

论文的语言修改,主要在以下三方面下功夫:

第一,表达清楚而简练。用最少的文字说明尽可能多的问题,是一篇高质量论文必不可少的条件。为了使文章精练,必须把啰唆、重复的文字,改为精练、简洁的文字。

第二,文字表达的准确性。为了提高语言的准确性,就要把似是而非的话,改为准确的文字,做到言之有物、一语中的,提高准确性。

第三,语言的可读性。为了提高语言的可读性,就必须把平淡的语言改鲜明,把拗口的语言改流畅,把刻板的语言改生动,把隐晦的语言改明快,把含混、笼统的语言改清晰、具体。

如何加强语言的推敲和锤炼呢?

为了使语言准确、简洁、生动,不能不锤炼字句,而锤炼字句,必须要有正确的指导思想。对语言的锤炼加工,是为了更好地表情达意,所以锤炼不能脱离内容的需要,去孤立地雕琢文辞,追求华丽,堆砌辞藻,这是在指导思想上必须要明确的。另外,在修改中要注意以下三个方面:

第一,要尽可能利用准确、生动、简洁的语言,要坚决改掉生造词语、词类误用、词义混乱等用词不当、词不达意的毛病,坚决消灭错别字和不规范的简化字、自造词。鲁迅说他自己写文章"不生造除自己之外,谁也不懂的形容词之类","只有自己懂得或连自己也不懂的生造出来的字句,是不大用的"。这样一种严肃认真、一丝不苟的精神,是值得我们认真学习的。

第二,对结构残缺、结构混乱、搭配不当等不合语法的句子,要注意改正,使之合乎语言规范。唐代诗人杜甫说:"为人性僻耽佳句,语不惊人死不休。"字句要好,就必须反复锤炼,反复琢磨修改。

第三,要注意句子之间的逻辑关系,力求上下贯通,语气一致,通顺流畅。

第四,检查标点,规范书写。标点符号是文章的构成要素之一,是文章的有机组成部分,用得恰当,能够准确地表达内容;反之,就会影响内容的表达,甚至产生歧义。检查标点符号,主要是看标点符号的用法是否正确,以及调整点错位置的标点符号。修改时,要严格按规定的格式进行书写。另外,修改时,一定要把潦草的字和不规范的字改规范,抄写时要书写工整、字迹清楚。还有,在修改中,对论文中的图表、符号、公式等要进行仔细检查,要合乎规范,对比较复杂且容易出错的地方,更应仔细校正。

此外,要适当地使用修改符号,养成修改文章的良好习惯。

第二节 毕业论文的指导

一、毕业论文指导的任务和内容

毕业论文指导教师担负着重要的任务。毕业论文质量的高低,学生撰写毕业论文成功与否,都与毕业论文指导教师关系重大。因此,毕业论文指导教师必须以积极、负责、认真的态度来做好指导工作。

(一)指导教师的基本任务

(1)启发并鼓励学生明确撰写毕业论文的重要意义,排除各种困难和心理障碍,立志写出高质量的毕业论文。

(2)悉心指导学生完成毕业论文写作任务,做到立意新颖、内容充实、格式规范、文字通畅,并作好答辩准备。

(3)指导学生应用新鲜活泼、生动有力的优良文风来写作,使学生写出的文章清新活泼,富有创造性。

(二)指导教师对毕业论文的指导内容

(1)审定论文题目。选题是毕业论文写作的开端,选择合适的毕业论文题目,是学生写好毕业论文的关键性环节。能否选择恰当的题目,对于整篇毕业论文写作是否顺利关系极大。好比走路,这开始的第一步是具有决定性意义的,第一步迈向何方,需要慎重考虑。否则,就可能走许多弯路,费许多周折,甚至南辕北辙,难以到达目的地。

指导教师要在对学生调查研究的基础上,指导学生选题,反复审定学生确定的论文题目。指导学员选题,要遵循两条基本原则:

第一条是价值原则,即论文的选题要有价值。论文价值有理论价值和应用价值之分,衡量一篇论文是否有价值以及价值之大小,应当首先看它满足社会需要的程度如何。选题时,要鼓励学生从现实生活中选取有意义的题目,要把应用价值摆在首位。学生写的毕业论文不应是毫无实际意义的"空对空"的文字游戏,而必须是来源于现实并为现实服务的,这样写出来的文章才能指导现实,为当前的现实服务。

第二条是可行性原则。客观条件主要是写作的时间、地点、环境等因素;主观条件则包括作者的才能、学识和所掌握的材料等。学生在选择毕业论文题目时,必须考虑自己的主客观条件,量力而行,即要选择那些客观现实上需要,而主观上又有能力完成的题目。

（2）指导学生制订撰写毕业论文的具体计划进度表，并定期检查学生执行撰写毕业论文的具体进度计划的情况，督促学生按毕业论文撰写计划实施。

（3）指导学生收集和阅读有关的参考材料，介绍必要的参考书目。材料靠自己去收集，指导教师可以指导学生先制订一个收集材料的目录，如果是调查材料，可按时间、地点、对象拟订目录；如果是文献资料，可按书刊名称和发行年月安排目录。要指导学生如何开展社会调查，收集第一手资料，做好调查材料的研究和分类工作。用社会调查获得的材料作为论据，摆事实、讲道理。要着重收集第一手材料，对第二手材料要查明出处、核对原著。要求学生围绕毕业论文的主题做读书卡片或者读书摘要。

（4）正确指导和引导学生如何立意及谋篇布局。立意就是确立文章主题。主题在文章中处于核心地位，是文章的"灵魂"和"统帅"。一篇文章质量高低、价值大小，主题是其衡量的主要尺度。指导学生立意，要遵循以下原则：

一是符合现实需要，体现时代精神。文章是时代的产物、现实的反映，它的主题应体现出那个时代的特征及发展方向。因此，毕业论文应牢牢把握时代脉搏，回答时代提出的最尖锐、最迫切、最现实的问题，以推动社会向前发展。

二是反映客观事物本质。文章是对客观事物的认识和反映，但并不是像镜子那样机械地反照现实，而应当反映客观事物的某种本质，揭示其内部的规律性。

三是要有独到的见解。只有独到的见解，才能使人受到启发，令人感奋，于人有益。什么是"独到的见解"？就是古人所说的"见人所未见，发人所未发"和"人人心中皆有，人人笔下俱无"的思想、认识、意见、主张。要获得独到的见解，关键在于多思。其次，要有胆识，敢于标新立异。指导教师要指导学生站在时代的高度，深入事物的本质，多思、深思，确立有现实意义、有独到见解、有理论深度的主题。

谋篇布局，就是考虑和安排文章的整体结构。结构是文章的骨架。确定了主题，选定了材料，接着就要把文章的框架搭起来。安排结构的基本要求是：

一是要围绕主题安排结构。主题是核心，而结构是形式，形式要为核心服务。

二是要有明确、清楚的层次。层次应分明，结构要有序，内容要完整。

三是要完整、自然、严密。结构要完整，过渡、衔接要自然，逻辑要严密。

指导教师应根据文章所要表现的内容，指导学生合理安排结构，做到有中心、有层次，首尾圆合、重点突出，严谨自然、富于变化。

（5）修改论文、审阅论文，评定论文成绩。修改、审阅论文是论文指导必不可少的步骤，是论文答辩前的最后一个环节，也是论文能否答辩的决定性依据。论文的评阅应由具有指导资格的教师来进行。评阅教师应根据论文成绩评定标准，认真填写论文成绩评定表，对学生毕业论文给予客观、公正的评分，并对是否参加答辩给出明确结论。其具体评定方法和评定标准详见后述。

（6）指导论文答辩。答辩是毕业论文的最后"验收"阶段，旨在了解学生对所选择课题研究的深广程度和真实程度，并通过答与辩的交锋，使学生与老师的思想作进一步碰撞，引导学生对本课题作进一步的深入研究，对毕业论文作最后的修改和补充，使之更臻完善。答辩前，指导教师应让学生端正态度，明白答辩的意义和要求、答辩的技巧，准备好答辩文本，迎接答辩。

二、毕业论文指导的方法

（1）毕业论文的指导由毕业论文领导小组负责组织，具体的指导工作由相关教师按专业分工承担，指导教师由承担毕业论文指导任务的院、系、部指派。

（2）教研室应根据论文选题内容安排合适的指导教师，承担论文指导和批阅任务，并组织指导教师认真做好论文指导和批阅工作。担任毕业生的指导教师是每一位教师的天职。指导教师一般应具有讲师以上职称、富有教学和研究工作经验并承担专业课教学任务，当然也可聘请校外具有副高职称以上的专业人员担任指导教师。为保证指导质量，每名指导教师指导的论文数原则上不超过6篇。

（3）指导教师要以平等、民主、探讨式的态度对学生论文进行指导，重点应放在培养学生独立工作能力和创新能力上，坚持教书育人，加强对学生学术规范方面的教育，启发学生发表自己的独立见解，不要照抄书本资料。指导教师必须熟悉自己所指导的课题内容，掌握相关资料，并提前作好准备工作。指导教师应全面负责所指导学生的毕业论文工作，根据课题性质和要求，参与学生毕业论文的开题，提供给学生相关的参考书目或文献资料目录，定期答疑（质疑），检查学生毕业论文写作的进度，审阅毕业论文和写出评价性意见。

（4）指导和督促学生撰写毕业论文的具体进度计划，克服撰写过程中的困难，完成选定的课题。指导的形式，尽量以面授形式进行指导。因为面批面改，口问手写，更容易渗入学生心田，使他们不但知其然，而且知其所以然。指导前，教师应对学生论文初稿仔细阅读，打上记号；指导时，应着重指出为什么应当这样写、不应当那样写。至于具体修改，则应放手让学生自己进行。

（5）指导教师要对学生的毕业论文把好政治关，要符合我国的基本国情，同时也要对学生进行学术道德教育，克服畏难情绪和侥幸心理，杜绝抄袭剽窃。

指导教师应切实履行职责，认真、负责、按时地做好指导、批阅工作。指导教师必须于拿到论文原稿后10日内完成批改、评阅任务，并提出修改意见，之后将意见转给学生修改（也可直接与学生交流），直至符合毕业论文质量要求方可允许学生定稿。

第五章　毕业论文的答辩

毕业论文答辩是整个毕业论文实践教学过程中十分重要的环节,答辩委员会或答辩小组在指导教师对学生毕业论文评审的基础上,根据学生的毕业论文答辩结果,对答辩学生的基本理论、基础知识、各种能力等进行考查,最终评定学生毕业论文成绩。为此,每个学生必须高度重视毕业论文的答辩,掌握毕业论文答辩的目的、意义、准备工作、一般程序、主答辩教师提问的基本原则和基本方法、毕业论文答辩教师提问重点、答辩中容易出现的问题、学生答辩的技巧、毕业论文终评标准和评定方法。同时,毕业论文答辩还能促使学生认真总结论文写作过程中的经验教训,巩固提高已学过的相关知识,进一步发现和认识自身专业知识和能力上的不足,以利于今后的进一步提高;它也可使教师全面了解毕业论文写作情况,准确把握毕业论文质量高低,及时发现和总结毕业论文教学中存在的问题,以利于今后进一步改革毕业论文教学环节。

第一节　毕业论文答辩的目的及意义

在毕业论文的答辩过程中,有不少学生对毕业答辩的目的不明白、意义不清楚,进而直接影响学生与毕业论文答辩有关的各个环节上的活动,如毕业论文答辩前的准备、毕业论文的答辩程序、毕业论文答辩的方法和技巧,以及学生毕业论文成绩的评定。因此,有必要对组织毕业论文答辩的目的和意义先作些介绍。

一、什么是毕业论文答辩

毕业论文答辩是答辩委员会成员(以下简称答辩教师)和撰写毕业论文的学生面对面,由答辩教师就论文提出相关问题,让学生当面回答,并由学生对自己论文论点进行论证和阐述的教学活动,它有"问"、有"答",同时还有"辩"。毕业论文答辩是学校对毕业学生综合知识与多种能力采取口头问答和辩论的方式进行考核和评审的教学活动。毕业论文答辩,可以说是对毕业生进行的一次更高档次的学业综合性考试,也是学生进行毕业论文创见性劳动过程的最后一个关键环节。毕业论文答辩,是教学计划规定的必须完成的教学活动,是整个论文工作的重要组成部分。

二、毕业论文答辩的特点

毕业论文答辩是辩论的一种形式。辩论按进行形式不同,分为竞赛式辩论、对话式辩论和问答式辩论。答辩就是问答式辩论的简称。与竞赛式辩论相比,毕业论文答辩具有以下特点。

(一)答辩具有明显的不平等性

首先,人数不对等。毕业论文答辩组成的双方人数是不平等的,参加答辩会的一方是撰写论文的作者,只有一个人。另一方是由教师或有关专家组成的答辩小组或答辩委员会,人数为 3 人或 3 人以上。一般来说,答辩小组或答辩委员会始终处在主动、审查的地位上,而论文作者则始终处在被动、被审查的地位上,并且双方的知识、阅历、资历、经验等方面都相差悬殊。

(二)答辩委员会具有双重身份

竞赛式辩论除了参加辩论的双方外,还设有专门的裁判,即有个"第三者"对辩论双方的高下是非作出评判。而论文答辩虽然也要作出评判,但它不是由特设的裁判员来评判,而是由参加答辩会的一方答辩小组或答辩委员会对另一方即论文作者的论文和答辩情况作出评价。可见在毕业论文答辩会上,答辩老师是具有双重身份的:既是辩论员,又是裁判员。

(三)答辩准备

为了全面综合考查学生的素质、知识与能力,答辩学生的毕业论文答辩准备工作的范围十分广泛。为了顺利通过答辩,毕业论文作者在答辩前先需要作好充分准备。然而,毕业论文答辩会上的题目是由参加答辩会的一方答辩教师根据另一方提供的论文拟就的,所要答辩的题目一般是三个或三个以上,并且答辩小组拟就的题目对论文的作者事先是保密的,到答辩会上才亮出来。答辩教师提出问题后,一般有两种情况:一种情况是让学生即论文作者独立准备一段时间(一般是半小时以内)后再当场回答;另一种情况是不给学生准备时间,答辩教师提出问题后,学生就要当即作出回答。因此,在举行论文答辩会以前,学生必须为参加答辩会作准备,但难以针对答辩会上提出的问题作准备,只能就自己所写的论文及有关的问题作广泛的思考和准备。

(四)答辩结合

毕业论文答辩形式以问答为主,辩论为辅。论文答辩一般是以问答的形式进行,由答辩委员会成员提出问题,论文作者作出回答。在一问一答的过程中,有时也会出现作者与答辩委员会成员的观点相左的情况,这时也会而且也应该辩论。但从总体上说,论文答辩是以问答的形式为主,以不同观点的辩论为辅。

三、毕业论文答辩的类型

根据在答辩中答辩委员会是否给予答辩学生以充足的思考问题的时间,可将毕业论文的答辩分为两类,即延时答辩与瞬时答辩两种。延时答辩是指让答辩学生在主答辩教师提出问题后,独立准备一段时间(一般是半小时以内)再当场回答的答辩类型;瞬时答辩是指在主答辩教师提出问题后不给学生准备时间,让学生当即作出回答并进行辩论的一种答辩类型。

四、毕业论文答辩的目的

毕业论文答辩的目的包括学校组织毕业论文答辩的目的与学生参加毕业论文答辩的目的。毕业论文答辩的目的,对于组织者和答辩者来说是各不相同的。

(一)学校组织毕业论文答辩的目的

一般地,学校组织毕业论文答辩是为了进一步审查论文,即进一步检查和验证毕业论文作者对所著论文论述到的论题的认识程度和当场论证论题的能力,进一步考查毕业论文作者对专业知识掌握的深度和广度,审查毕业论文是否是学生自己独立完成等情况。

1. 认识与论证检验

即学校借毕业论文答辩,就毕业论文作者对所著论文的认识程度和当场论证论题的能力进行的再检验。一般来说,从学生所提交的论文中,已能大致反映出各个学生对自己所写论文的认识程度和论证论题的能力。但由于种种原因,有些问题没有充分展开细说,有的可能是限于全局结构不便展开,有的可能是受篇幅所限不能展开,有的可能是作者认为这个问题不重要或者以为没有必要展开详细说明的,有的可能是作者无法深入或者说不清楚而故意回避了的薄弱环节,有的还可能是作者自己根本就没有认识到的不足之处等。通过对这些问题的提问和答辩就可以进一步弄清作者是由于哪种情况而没有展开深入分析的,从而了解学生对自己所写的论文的认识广度、理解深度和当场论证论题的能力,为学生毕业论文的成绩评定提供依据。

2. 知识检验

知识检验是学校借毕业论文答辩,就毕业论文作者对专业知识掌握的深度和广度进行的再检验。学生在写作论文中所运用的知识有的已确实掌握,能融会贯通地运用;有的可能是一知半解,并没有转化为自己的知识;还有的可能是从别人的文章中生搬硬套过来,其基本含义都没搞清楚。在答辩会上,答辩小组成员把论文中阐述不清楚、不详细、不完备、不确切、不完善之处提出来,让作者当场作出回答,从而就可以检验出作者对所论述的问题是否有深广的知识基础、创造性见解。

3.能力检验

高职教育的核心是在传授学生必要的理论知识基础上,培养和强化学生的各种能力。通过毕业论文的答辩,不但可以检验学生已掌握知识的深度和广度,而且可以检验学生的聆听、思维、概括、组织、表达、合作、应变等能力,检验学生综合运用所学知识独立地分析问题和解决问题的能力,同时还可以培养和锻炼学生进行科学研究的能力。

4.独立性检验

独立性检验是学校借助毕业论文答辩,就毕业论文作者写作毕业论文的真实性与独立性进行检验。学生撰写毕业论文,要求在教师的指导下独立完成,但它是在一个较长的时期(一般为一个学期)内,缺少教师监督的情况下完成。因此,难免有少数不自觉的学生会投机取巧,采取各种手段作弊。指导教师固然要严格把关,可是很难做到没有疏漏。而答辩小组或答辩委员会由三名以上教师组成,鉴别论文真实性的能力就更强些,而且在答辩会上还可通过提问与答辩来暴露作弊者,从而确保毕业论文的真实可靠性。

(二)论文作者参加答辩的目的

对答辩者来说,答辩的目的是顺利通过毕业论文的答辩,按时毕业,取得毕业证书。学生要顺利通过毕业论文答辩,就必须了解学校组织毕业论文答辩的目的,然后有针对性地作好准备,继续对论文中的有关问题作进一步的推敲和研究,把论文中提到的基本素材搞准确,把文题背景、有关的基本观点和文章的基本理论彻底搞清楚。

五、毕业论文答辩的意义

毕业论文作者只有充分认识毕业论文答辩具有多方面的意义,才可能积极热忱地投入毕业论文答辩的准备工作中去,信心十足地出现在答辩会上,以最佳的状态参与答辩,充分发挥自己的才能和水平。同时,毕业论文的答辩对学校也有重要意义。

(一)促进知识完善、教学相长

毕业论文答辩是一个增长知识、交流信息的过程。为了顺利通过答辩,学生在答辩前就要积极准备,对自己所写文章的所有部分,尤其是本论部分和结论部分作进一步的推敲,仔细审查文章对基本观点的论证是否充分,有无疑点、谬误、片面或模糊不清的地方。如果发现一些问题,就要继续收集与此有关的各种资料,作好弥补和解说的准备。这种准备的过程本身就是积累知识、增长知识的过程。再说,在答辩中,答辩小组成员也会就论文中的某些问题阐述自己的观点,或者提供有价值的信息。这样,学生又可以从答辩教师中获得新的知识。当然,如果学生的论文有独创性见解或在答辩中提供最新的材料,也会使答辩教师得到启迪。

（二）为论文答辩者提供自我展示平台

毕业论文答辩是大学生全面展示自己的勇气、雄心、才能、智慧、风度和口才的最佳时机之一。毕业论文答辩会是众多大学生从未经历过的场面,不少人因此而胆怯,缺乏自信心。其实,毕业论文答辩是大学生在即将跨出校门、走向社会的关键时刻全面展示自己的素质和才能的良好时机,而且毕业论文答辩情况的好坏,对于大学生来说,影响的不仅仅是毕业论文的成绩,而且还很可能影响工作分配的去向。

（三）为论文答辩者提供学习良机

毕业论文答辩是答辩者向答辩小组成员和有关专家学习、请求指导的好机会。毕业论文答辩委员会,一般由有较丰富的实践经验和较高专业水平的教师和专家组成,它们在答辩会上提出的问题一般是本论文中涉及的本专业问题范围内带有基本性质的最重要的问题,是论文作者应具备的基础知识,却又是论文中没有阐述周全或论述清楚的问题,也就是文章中的薄弱环节和作者没有认识到的不足之处。通过提问和指点,就可以了解自己撰写毕业论文中存在的问题,为今后研究其他问题作参考。对于自己还没有搞清楚的问题,还可以直接请求指点。总之,答辩会上提出的问题,不论作者是否能当场作出正确、系统的回答,都是对作者一次很好的帮助和指导。

（四）为答辩者提供辩论良机

在当今社会,能言善辩是现代人必须具备的重要素质。一个人如果掌握了高超的辩论技巧,在事业上,在人际交往中就会得心应手。正因为如此,古往今来胸怀大志的人,都非常重视辩论素质的训练和培养,把拥有精湛的辩论技术视为其事业成功的得力工具。市场经济社会是一个竞争的社会,能言善辩更是竞争不可缺少的重要手段。因此,大学生应抓住每一个学习辩论的机会,当自己的观点与主答辩教师观点相异时,既要尊重答辩教师,又要让答辩教师接受自己的观点,就得学会运用各类辩论的技巧同答辩教师辩论,从中得到锻炼。

（五）有利于培养学生科学研究的兴趣

毕业论文的写作和答辩过程,是运用所学专业知识发现问题、分析问题和解决问题的过程,也是科学研究的过程。通过答辩,学生在答辩教师的启发和指导下,进一步了解掌握科学研究的方法,掌握相关的专业知识、理论、技能,同时在内心产生一种成就感与满足感,从而激发与培养自己科学研究的兴趣。

（六）是学校鉴别毕业论文真伪、考查论文质量的关键环节

毕业论文的真实性是指毕业论文是否是作者本人的思考和写作成果,作者有无抄袭他人之作或他人代写的行为。这是毕业论文能否顺利通过的原则性问题。

在答辩中鉴别真伪,是在整个论文工作过程中,从各个方面、各个环节为学生营造公平竞争环境的最后一个关键性环节。在论文选题、编写提纲、多次修改中,指导教师已经从学生本人手中特别注意到了"真实性"的问题。但由于各种主客观原因,指导教师对论文的真伪判断可能出现失误,因此,毕业论文真伪鉴别的最后关键环节就只能是在答辩环节。毕业论文真伪鉴别的方法,主要有两种:

1. 聆听鉴别法

聆听鉴别法是答辩委员会通过听取论文作者的论文概述报告来鉴别毕业论文真伪的方法。聆听鉴别法主要考查论文概述报告能否概述论文的全貌,能否综合表述其特点或论文的新观点、新方法。在学生进行论文概述中,还可以考查学生能否重点突出、语言简练、观点准确、论证充分,表达是否熟练、流畅等。

2. 质疑鉴别法

质疑鉴别法是答辩委员会通过向论文作者提出相关问题,并根据学生的回答情况来鉴别毕业论文真伪的方法。答辩教师主要是针对学生论文中不全面、不深入、不严密、不准确、不鲜明的地方产生怀疑并提出问题,运用这一鉴别方法,老师自己应首先对所有问题都有所准备,特别是从科学、准确、全面等角度弄清、明晰。通常,由于学生初次参加论文答辩,其严肃研讨问题的场面对其初期回答问题有一定影响,不足之处在所难免。但在诸多学生答辩自如的情况下,在气氛比较宽松、活跃的情况下,只要是作者自己亲手动笔写的论文,无论答辩教师对论文真实性提出任何质疑,都是不难回答的。否则,毕业论文的真实性就值得怀疑了。

（七）是学校考查学生综合知识、能力与素质的有效形式

通过考查论文中涉及的基本理论、基础知识,进一步了解论文作者理论功底是否扎实,对相关知识理解的程度怎样,以及运用相关理论分析问题、解决问题的能力如何。

审核评定论文成绩是比较复杂的过程,在通常情况下,答辩"合议"的成绩与指导教师评定的成绩不可能完全一致。因为,指导教师给毕业论文评定的成绩,仅是从论文本身质量考虑的,没有考虑答辩环节上的评分项目和标准。答辩"合议"审定的成绩,既考虑到论文的质量,又考虑到答辩的质量;既考查学生的文字表达能力、口头表达能力,又考查逻辑能力、组织运用知识的能力、聆听能力、概括能力、应变能力等;既参照论文对问题的认识程度,又参

照在论文基础上作者认识进一步升华的新高度。所以，毕业论文答辩能综合而且有效地检验学生各方面的知识、能力与素质。

第二节 毕业论文答辩前的准备

毕业论文答辩是一种有计划、有组织、有准备、有鉴定的比较正规的审查论文的重要形式。为了组织好毕业论文答辩，在举行答辩会前，学校、答辩委员会、答辩者三方都要作好充分的准备。

一、学校要做的准备工作

答辩前的准备，对于学校来说，主要是做好答辩前的组织工作。这些组织工作主要有：组建答辩领导小组、答辩委员会或答辩小组，拟订毕业论文成绩指标与标准，审查学生参加毕业论文答辩的资格，布置答辩会场等。

（一）组建答辩领导小组

成立毕业论文工作领导小组，院长为组长，分管教学副院长为副组长，其他副院级领导、教务处处长、各系部负责人、相关行业企业专家为成员，统筹安排、协调处理一切毕业论文答辩中的行政事务。

（二）组建答辩委员会或答辩小组

毕业论文的答辩，必须成立答辩委员会或答辩小组。因为，毕业论文答辩是一次大型的、内涵要求很高的教学活动，其质量首先取决于有序的组织和严格的管理。因此，组织高效得力的答辩机构非常必要。

答辩委员会是审查和公正评价毕业论文、评定毕业论文成绩的重要组织保证。答辩委员会由学校和学校委托下属有关部门统一组织。答辩委员会一般由三至五人组成，指导教师和论文评阅人必须是答辩小组成员。答辩委员会（包括答辩小组）的成员主要由教授、副教授、讲师或高级工程师、工程师以及相关的教师组成，并从中确定一位水平较高的委员为主任委员，负责答辩委员会会议的召集工作。

（三）拟订毕业论文成绩指标与标准

毕业论文答辩以后，答辩委员会要根据毕业论文以及作者的答辩情况，评定论文成绩。为了使评分宽严适度，大体平衡，学校应事先制订一个共同遵循的评分原则或评分标准，同时,还应制订毕业论文的评分项目。毕业论文成绩标准,一般分为优秀(90～100分)、良好(75～89分)、及格(60～74分)、不及格(59分以下)四个档次。

(四)审查学生参加毕业论文答辩的资格

参加毕业论文答辩的学生,必须同时具备以下条件:

(1)是毕业生。必须是已修完高等学校规定的全部课程的应届毕业生和符合有关规定并经过学校批准同意的上一届学生。

(2)成绩合格。学生所学课程必须是全部考试、考查及格;实行学分制的学校,学生必须获得学校准许毕业的学分。

(3)指导教师同意。学生的毕业论文无抄袭之嫌且经过指导教师签署"同意参加答辩"的意见。

(4)有下列情况之一者,取消其答辩资格,按不及格处理:

①累计旷课时间达到或超过毕业论文全过程的1/3者。

②未完成毕业论文者。

(五)布置答辩会场

毕业论文答辩会场的布置会影响论文答辩会的气氛和答辩者的情绪,进而影响答辩会的质量和效果。因此,学校应该重视答辩会场的设计和布置,尽量创造一个良好的答辩环境。

二、答辩教师的准备

答辩教师的答辩准备工作主要是对在毕业论文答辩会上所要提出的问题进行准备。

指导教师一般在答辩会举行前一周把要答辩的论文分送到答辩委员会成员手里,答辩委员会成员接到论文后,要认真仔细地审读每一篇要进行答辩的论文,找出论文中论述不清楚、不全面、不详细、不深入、不确切之处以及自相矛盾和有值得探讨之处,并拟订在论文答辩会上需要论文作者回答或进一步阐述的问题。

(一)答辩教师备题的类型

答辩委员会的主答辩教师在仔细研读学生毕业论文的基础上,拟订要提问的问题。

答辩教师提问有一定的范围并遵循一定的原则,了解答辩教师的出题范围和原则,对学生准备答辩很有帮助。答辩教师出题只能是论文所涉及的学术范围之内的问题,一般不会也不能提出与论文内容毫无关系的问题,在这个大范围内,主答辩教师一般会提出以下三类问题:

(1)真伪检验题。该类问题是围绕毕业论文的真实性拟题提问,它的目的是要检查论文是否是学生自己写的。如果论文不是通过自己辛勤劳动写成，只是抄袭他人的成果，或是由他人代笔之作，就难以回答出这类问题。

（2）水平探测题。这是指与毕业论文主要内容相关的，探测学生水平高低、基础知识是否扎实，掌握知识的广度、深度如何来提出问题的题目，主要是论文中涉及的基本概念、基本理论以及运用基本原理等方面的问题。

（3）缺陷弥补题。这是指围绕毕业论文中存在的薄弱环节，如对论文中论述不清楚、不详细、不周全、不确切以及相互矛盾之处拟题提问，请作者在答辩中补充阐述或提出解释。

（二）答辩教师出题的原则

主答辩教师在具体的出题过程中，还需要遵循以下几个原则：

（1）理论题与应用题相结合的原则。一般来说，在三个问题中，应该有一个是关于基础理论知识的题目，有一个是要求学生运用所学知识分析和解决现实问题的题目。

（2）深浅适中、难易搭配的原则。即在三个问题中，既要有比较容易回答的问题，又要有一定深度和难度的问题。同时，对某一篇论文所提问题的深浅难易程度，应与指导教师的建议成绩联系起来。凡是指导教师建议成绩为优秀的论文，答辩教师所提问题的难度就应该大一些；建议成绩为及格的论文，答辩教师应提相对浅一些、比较容易回答的问题。

（3）保密原则。纪律是成功的保证。毕业论文答辩既然是一次严肃的面对面的考试，自然就有严明的纪律。论文答辩是双向、综合性的交流和学习，因此要求全体学生自始至终参加。教师所拟提的问题，在答辩之前，必须保持其绝密状态。

（4）点面结合、深广相连的原则。

（5）形式多样、大小搭配的原则。

三、答辩学生的准备

毕业论文答辩准备，最重要的是答辩者的准备。要保证论文答辩的质量和效果，关键在答辩者一边。答辩学生要顺利通过答辩，在提交论文之后，不要有松一口气的思想，而应抓紧时间积极准备论文答辩。

（一）论文内容准备

（1）提交答辩材料。学生必须在论文答辩会举行之前半个月，将经过指导教师审定并签署过意见的毕业论文一式三份连同提纲、草稿等交给答辩委员会，供答辩委员会的主答辩教师在仔细研读毕业论文的基础上，拟订要提问的问题。

（2）转变角色，以读者视角审视毕业论文。毕业论文是自己几个月的辛勤之作，经指导教师审定认可后才定稿上交，应当说其成果一般是较为丰硕的，但学习无止境、科研无止境，论文作者应在答辩前,以读者身份带着质疑的眼光,仔细审视、挑剔自己的心爱之作。

①要审视论文基本观点的正确性。毕业论文观点的正确性,就是要求思想性、科学性强,能反映事物本质、生活的主流,符合自然和社会的发展规律,有益于时,有补于世。审视论文基本观点的正确性,特别要注意关系全文中心论点的一些重要观点的表述是否正确、贴切、科学,是否符合全文的逻辑论证体系。如发现有不妥之处,应在毕业论文答辩中介绍论文时予以纠正。

②要审视毕业论文的体系结构有无差错和有待完善的地方。毕业论文的写作目的之一,就是要训练和提高理论文章的写作技能。因此,毕业论文逻辑体系的合理性是衡量毕业论文成败的重要依据之一。

③要检查毕业论文的行文文句在语法等方面的问题。如病句、错别字、漏字、标点符号错用等方面的小问题,也不能忽视。

(3)把握毕业论文基本理论要点,明了常用术语的准确含义。如一篇关于"全面质量管理"的毕业论文,全篇没有"工作质量"这个概念内容,答辩时论文作者也不知"工作质量"为何物,那么对"全面质量管理"这一问题的研讨从何谈起呢?如一篇关于"扩大内需"的毕业论文,文中多次引用经济学基本术语"需求",但论文作者对此术语的解释为"需求就是需要量",这种貌似正确、实则大错的理解,使人难以肯定论文作者对所学专业知识掌握的深度。

(4)写好毕业论文介绍提纲。毕业论文介绍提纲一般包括以下三个方面内容:

①选题背景。为什么选择这个论题?研究这个论题有什么理论价值和实际意义?

②论题的任务、目的和意义,论文的基本内容及主要方法,成果、结论。

③毕业论文的基本论点及其论证逻辑概要。这是毕业论文介绍陈述的主要内容,包括题目、主要论点、分几个部分、各部分的分论点和主要论据,以及如何收集材料、构思论文、布局谋篇的。毕业论文中涉及的重要概念、定义、定律、定理、基本原理和典故要弄清楚,如不能熟记,也应列出。

④毕业论文的自我评价以及补充、完善的意见。有哪些新见解、新观点,是怎么形成的?提出解决了什么问题,其意义何在?还有哪些问题应该解决而因力所不及没有解决?写完后,有哪些心得体会?自己是否满意,满意之处在哪里?有没有不足之处,不足之处在哪里?

(二)资料准备

论文作者在答辩前应整理好自己的毕业论文,准备好论文的底稿及同毕业论文有关的参考资料、答辩提纲、笔和笔记本,以便答辩时随身带进答辩会场。

毕业论文答辩允许答辩人翻阅自己的毕业论文和有关资料。答辩人答辩时不可能对所有资料都烂熟于心,也不可能对所有问题都回答得非常顺畅,很多问题的回答都需要依靠有关资料的帮助,适当翻阅一下资料,能帮助答辩人理清思路,顺利地回答问题,也可以缓解紧张的心理,避免慌乱。

笔和笔记本(纸张)也很重要。答辩时,答辩人需要记录答辩教师的问题和有价值的意见,这样既不会遗漏问题,也有助于领会问题的要害和实质,还能边记边思考,缓解紧张心理。

(三)思想准备

论文作者要充分认识到毕业论文答辩的重要意义,从思想上予以高度重视,要把答辩看成对自己大学期间学习成效的一次全面考核,要以积极认真的态度、饱满的热情去迎接答辩,不能有轻视的思想,不把答辩当回事,认为只要论文写好,就完成任务了。这种麻痹松懈的思想会耽误论文作者对毕业论文的总结、消化,从而影响答辩成绩。

消除紧张恐惧的心理,调整好自己的情绪。参加毕业论文答辩有紧张感这很正常,并且适度的紧张感能刺激、促进论文作者对毕业论文的总结、消化,从而有助于毕业论文答辩的顺利通过。但是过于紧张以致恐惧怯场的心理就非常要不得,因为它会严重影响答辩人的正常思维和注意力,从而影响答辩人答辩时正常水平的发挥,以致影响答辩人毕业论文的顺利通过。其实,只要毕业论文是答辩人自己辛勤劳动的产物,就完全不必有过于紧张以致恐惧怯场的心理,要相信答辩教师的提问总是与答辩人的毕业论文的内容相关,不会过于深奥或超出毕业论文涉及的范围。由于毕业论文是自己辛勤劳动的结果,论文作者对毕业论文的内容非常熟悉,只要经过认真准备,是完全可以比较顺畅地回答问题的。同时,要把一切烦恼和不快丢在脑后,使自己处于良好的情绪氛围,心平气和地进入毕业论文答辩状态。

第三节　毕业论文答辩的程序

学生必须在毕业论文答辩会举行之前一周,将经过指导教师审定并签署意见的毕业论文一式三份(或依据评委数量)交毕业论文答辩委员会,主答辩教师在仔细研读毕业论文的基础上,拟出要提问的问题,然后举行答辩会。毕业论文答辩的程序,一般包括各方就座、答辩开始、答辩学生"入席"、答辩学生介绍、主任委员提问、答辩学生准备、答辩学生答辩、主答辩教师总结、"合议"评审论文及答辩成绩、宣布答辩结果等环节。

(一)预备工作

毕业论文答辩正式开始前的预备工作阶段主要包括以下两个环节:

(1)各方就座。答辩委员会委员、记录员、学生各自在安排的位置就座。

(2)答辩开始。由答辩委员会主任委员宣布答辩开始,并向全体学生讲清以下事项:介绍答辩委员会各委员的姓名、学术职称等情况;简要介绍答辩安排、要求、注意事项;简要说明答辩程序;鼓励学生充分发挥其优点,消除紧张心理;宣布学生答辩顺序。

(二)正式答辩

1. 答辩学生"入席"

答辩委员会主任委员(或副主任委员)点名,答辩学生由"准备席"进入"答辩席"。

2. 答辩学生介绍

答辩人在答辩席就位后,就自己的基本情况与自己写作的毕业论文作必要的介绍。

(1)学生基本情况介绍。答辩学生简要介绍自己的专业、班级、姓名、学号及论文题目。介绍时语速尽量慢点,以便记录员记录。

(2)论文介绍。介绍毕业论文的标题,选择该论题的原因、依据、意义、目的,阐述毕业论文的主要论点、论据,陈述毕业论文的研究思路、基本结论、结构框架与写作体会。陈述时不宜按事先准备好的材料照本宣科,应采取口述的方式,以增强其可听性;内容上要重点突出,观点鲜明,思路清晰,详略得当;神态镇定自若,吐字清楚,速度适当。介绍自己和陈述论文的时间一般限定在 8 ~ 10 分钟。

3. 评委老师提问

答辩人介绍完毕,评委教师将针对毕业论文的内容和答辩人介绍的情况提出三四个问题。学生、记录员要集中精力、认真聆听、准确记录。如果没听清楚,可请主答辩教师再复述一次所提问题。如果对问题中有些概念不太理解,可以请求老师做些解释说明,或者把自己对问题的理解说出来。总之,务必要把问题弄清楚,并理会其要旨和核心,以便有针对性地准备,避免答非所问。

4. 答辩学生准备

答辩学生带着评委教师所提出的问题回到"准备席"就座并对问题作必要的准备。答辩人根据主答辩教师的提问,在分析领会评委教师提问的基础上,用 10 分钟左右的时间快速组织答辩内容。一般来说,准备时,首先要仔细推敲评委老师所提出问题的要害,明确问题的本质,科学合理组织所学知识和平时的积累,分析思考每个问题的答案是什么,分几层意思,如何回答;记下各个问题的答案要点,并找好相应的参考资料;最后,快速将各个问题及其答案要点审查一下,调整一下情绪,尽量让自己镇定沉稳、不慌不忙。

有些学校规定,评委老师提出问题后,答辩人必须当场作出回答。可以是对话式的,提出一个问题,回答一个问题;也可以一次性提出三个问题,答辩人在听清楚记下来后,按顺序逐一回答。这就需要答辩人集中注意力,听清问题,快速反应。

如果采用延时答辩,则由答辩委员会主任委员分别再点第二位、第三位、第四位答辩学生介绍自己及陈述论文,记好问题后入"准备席"准备。

5. 答辩学生答辩

学生针对评委老师提出的问题,在答辩席上作正式的回答。应该说这是毕业论文答辩最关键的一环,也是答辩人学识、才干得以充分展示的最好也是最后一次机会。学生答辩时要注意礼貌,落落大方;回答时要简明扼要,抓住要害,不要东拉西扯或者长篇大论,使人听后不得要领或感到烦琐。要客观、全面、辩证,层次分明,语速适中,语气肯定,语言流畅,口齿清晰,声音洪亮,态度谦虚,充满自信。答辩过程中,答辩教师甚至旁听的同学也许会就答辩情况或论文的某一局部问题临时提问,答辩人应虚心、耐心地听完提问,然后有针对性地回答,力求从容不迫。根据学生回答的具体情况,主答辩教师和其他答辩教师随时可以有适当的插问。

6. 主答辩教师总结

在每个学生回答完问题后,主答辩委员根据论文和学生回答的情况作简单小结,对毕业论文答辩情况作出结论,肯定成绩,指出存在的问题并加以必要的补充和指点,其他委员可以提出看法和问题;同时,学生应认真虚心地听取评委老师的总结并作记录。

7. "合议"评审论文及答辩成绩

在答辩期间,各委员都要对每位学生的答辩优缺点及特长作详细记录,并以半天为时段对已完成答辩的学生情况进行小结。毕业论文答辩委员会对毕业论文的质量和答辩情况进行分析研究,就毕业论文的初评成绩和答辩结果取得一致意见,综合评定毕业论文的最终成绩,商定是否通过,并拟出成绩和评语。全部答辩结束后,委员采取无记名投票方式给每个答辩学生打分。"合议"评审论文答辩成绩后,各答辩委员会向领导小组汇报结果。在领导小组组长主持下对"合议"成绩予以复议。领导小组对答辩委员会的"合议"结果,只要无不正当现象,应支持和同意答辩委员会的"合议"结论。

8. 宣布结果

领导小组和答辩委员会举行联席会议对答辩成绩最后复议、决定后,由各答辩委员会主任(或副主任)委员,当着全体学生的面,宣布"通过"答辩的学生名单。具体成绩待院或系审批后再公布。对答辩不能通过的学生,提出修改意见,允许学生以后另行安排答辩。

9. 善后工作

(1)整理填写"学生毕业论文答辩成绩评定表"。此项工作一定要细致、全面地做好。特别是"提问要点"和学生"答辩要点"要详细填写。这两个"要点"是评定成绩的主要依据,是备查的根据。如果没有填写或任意填写,没有完全反映学生答辩时的真实情况,就会给学生毕业论文答辩成绩评定带来遗留问题。

(2)签名负责。记录员填写好"提问要点""答辩要点"后要签名。"答辩委员会评语"由主任委员、副主任委员等三人签名,以示负责。"答辩是否通过"及"论文答辩评定等级"由系主任填写并签字。

(3)上报成绩。按时向学校教务处报送"学生毕业论文答辩成绩评定表"和"毕业论文答辩成绩名单",由教务处登记成绩并存档。

每个学生毕业论文完成后必须参加毕业答辩。在校外做毕业论文的学生按规定原则上应回学院进行毕业答辩,特殊情况可通过视频答辩。

第四节　毕业论文答辩中容易出现的问题

绝大多数高职学生同其他大学生一样,都是第一次参加毕业论文答辩,出现这样或那样的问题在所难免,但是只要高度重视,精心准备,注意防范,就可以避免在答辩常见的问题上犯错。

一、论文介绍不清楚

答辩学生由于答辩前准备不足,对毕业论文内容不熟悉等原因,介绍毕业论文时或者过于简单,或者过于繁杂,或者零散混乱,或者照本宣科,照读事先准备好的毕业论文介绍提纲,使答辩教师和旁听同学难以迅速而系统性地整体把握毕业论文的主要内容,抓住重点,就会给人留下基础知识不扎实、基础理论较差、能力较低、介绍呆板的不好印象。

二、问题记录不准确

记录问题是毕业论文答辩的中间环节,该环节主要考核学生的聆听能力、反应能力、概括能力、速写能力、综合能力。这一环节容易出现的问题是对主答辩教师的提问不能把握、不能领会其重点,断章取义,丢三落四,模糊不清,其结果是答辩时答非所问、漏洞百出。

三、问题准备不独立

准备问题环节,主要考核答辩人查阅资料、分析问题和解决问题的能力。然而有些学生急于求成,或者缺乏独立思考解决问题的能力,往往依赖原有的准备资料,寄希望于在原有的准备资料中寻找现成的答案,甚至求助于其他同学,几位同学分头行动,寻找答案。这种行为无助于分析、解决问题能力的独立化。

四、问题回答不切题

回答问题是毕业论文答辩中学生一方的最后环节,该环节存在的问题主要有:回答问题准确度低,答非所问,词不达意;说话吞吞吐吐,声音小,难以听清。究其原因,或是对所学知识掌握不好;或是记录问题有错;或是心理素质差,过于紧张和恐惧,缺乏自信;或是评议表达能力差;或是无法回答想蒙混过关。

五、论点论证不严谨

有些学生的毕业论文论点的表述所用语词不严谨,其所表达的论点内涵不明确,这主要是因论文作者未下苦功,未对各个论点进行仔细推敲或因知识、能力有限所致。这样的论点是难以用证据有针对性地加以确证的。所以,论点一定要合理和严谨。论证不严谨,不少学生在对其论点的真实性的论证过程中,所用论据与论点不完全匹配,或者论据不足,或者论据乏力,或者论据取舍与组织不合理等,导致论证不严谨。

六、心理素质差

有的同学其实论文写得很好,但是由于心理素质不好,致使答辩时过于紧张,有时老师问的是极其简单的问题,或者是答案已先告之,再提问时,由于太紧张,导致思维混乱,无从作答。更有甚者在答辩场上干脆就被吓哭了,甚至失语了。

第五节　学生答辩的技巧

毕业论文的答辩准备是学生获得较好答辩效果的先决条件,毕业论文的答辩技巧则是在答辩中根据所需表现出来的答辩学生所具有的巧妙答辩方法和技能。毕业论文的答辩技巧是答辩学生准确把握主答辩教师所提问题、快速准确作出反应、进行全面深入准确回答、实施有效辩论、取得良好答辩效果的重要一环。在实际操作中,其通常表现为思维技巧和实践中的体验。

一、思维技巧

答辩学生在答辩过程中,应尽可能多地运用各种思维方法,使自己的大脑处于思维兴奋状态,让各种各样的答辩应对方案泉涌而出。下面是几种常用的思维技巧。

(一)灵感思维技巧

灵感在答辩过程中常常出现,问题是要善于捕捉、正确运用。灵感往往是专心听取别人的答辩产生的。对于产生的灵感,要及时记录,以备自用。

(二)发散思维技巧

发散思维技巧,即多向展开的思维方式。答辩中所谓的多角度,即发散型思维方法的具体运用及其结果。发散型思维在答辩中的效用,就是对一个问题的回答可从多向考虑,最后选出最佳答案。还有,如果对问题的回答一时忘记了,那么,就换个方向思考和回答。

(三)直觉思维技巧

直接把握和阐述事物(问题)的本质和规律。根据自己的社会阅历,从某一问题在现实中的生动直观印象,综合归纳这些印象,言简意赅地回答问题,是现实可行的。

（四）求同思维技巧

求同思维,即集中性思维和收敛性思维,是单向开展的思维。答辩中如果在诸多答案中难以确定中心,可应用这一思维方法,从"诸多"中挖掘"单向",通俗点说就是"贴题"回答问题。

二、实践中的体验

所谓实践中的体验,即根据教师所提问题即席思考和验证如何答辩的问题。

（一）紧扣题意，直奔主题

对教师所提问题要尽可能复制性地记录,仔细推敲主答辩教师所提问题的要害和本质是什么,切忌未弄清题意就匆忙作答。如果对所提问题没有弄清楚,可以请提问老师再说一遍。如果对问题中有些概念不太理解,可以请提问老师做些解释,或者把自己对问题的理解说出来,并问清是不是这个意思,准确无误地紧贴问题,思索题意及其实质,如此可有效避免答非所问,极大提高答辩的准确性和答辩效果。

由于回答问题的时间有限,只有直奔主题,抓住核心,不纠缠枝节,才能思想集中地表述出比较理想的答案。

（二）抓住重点，旁及其余

有的问题含义较多、较深,相互之间关系复杂,回答时不可分散零碎、平均用力,而应首先抓住重点说深、说透,然后对其非重点一带而过。

（三）层次分明，思路清晰

在短暂的准备过程中,根据撰写论文时的有关资料,整理思路,理清头绪,形成"腹稿"。这时,切忌把精力放在书写答案上,否则就来不及理清各个论点之间、论据之间、论证之间的层次关系,也来不及形成清晰的思想,答辩就难免东拉西扯,胡言乱语。

（四）言简意赅，逻辑严密

在有了"腹稿"以后,就要考虑语言表述的简洁性和说理的逻辑性。如果语言烦琐冗长,就会淹没论文中心,甚至使听者产生厌烦情绪。如果不注意语言严密的逻辑性,就会语无伦次,不知所云。

（五）尽量口述，增强生动感

论文答辩中,往往怕口述不好,便念稿子。其弊端一是念稿子会淡化听者的注意力;二是生硬古板,无吸引力;三是稿子太长,易耽误时间;四是显现不出答辩之意及其灵活多变的气氛。

（六）正视差距，稳定情绪

论文答辩对于很少或未经过场面者,往往难免紧张。这种状态根源在于心理慌张。消除这种心理障碍的办法,一是在短期中,学生比教师差是必然现象,根本没有必要因答辩对方是强于自己的老师而紧张不已;二是积极到答辩会场旁听,亲自了解答辩的基本过程,消除对论文答辩的神秘感;三是相信自己,胸有成竹。只要论文是自己选题、收集材料、构思、撰写、修改的,就没有理由怀疑自己,而应树立一定能成功的意识。

（七）超越差距，坚持真理

在毕业论文的答辩过程中,有时主答辩教师会提出与你的论文中基本观点不同的观点,然后请你谈谈看法,此时就应全力为自己观点辩护,反驳与自己观点相对立的思想。主答辩教师在提问的问题中,有的是基础知识性的问题,有的是学术探讨性的问题,对于前一类问题,是要你作出正确、全面的回答,不具有商讨性。而后一类问题,是非正误并未定论,持有不同观点的人可以互相切磋商讨。如果你所写论文的基本观点是经过深思熟虑,又是言之有理、持之有据,能自圆其说的,不要因为答辩委员会成员提出不同的见解就随声附和,放弃自己的观点。否则,就等于是你自己否定了自己辛辛苦苦写成的论文。要知道,有的答辩教师提出与自己论文相左的观点,并不一定是他本人的观点,他提出来无非是想听听你对这种观点的评价和看法,或者是考考你的答辩能力或你对自己观点的坚定程度。退一步说,即使是提问老师自己的观点,你也应该抱着"吾爱吾师,吾更爱真理"的态度,据理力争,与之展开辩论。辩论中要以事实、科学原理、定律、理论为根据,以谦虚的态度来商榷,以科学的道理服人,以求教的言辞动人。对于教师指出的错误,要以诚恳的态度善于修正,且不可固执己见,偏执一端。

（八）巧用图表和多媒体

毕业论文答辩中图表和多媒体的运用,不仅是一种简洁、直观的表达观点的方法,而且是一种调节会场气氛的手段;同时,使用该手段,可在各方面不经意之间有效提示自己,从而进一步增强答辩的效果。

（九）神态得体，凸显特色

答辩时要注意用目光与答辩教师和旁听同学进行心灵的交流。一是因为目光交流是答辩人对答辩教师和旁听同学所应有的礼貌;二是因为在目光交流中,答辩学生能从答辩教师与旁听同学的目光中获得许多诸如含有赞赏、同意、异议等方面的信息,这有利于自己因受到鼓励而超常发挥,或者因得到"异议"的暗示而及时调整自己的答辩策略;三是因为目光的交流还能使答辩教师和旁听同学对自己的答辩产生兴趣。

（十）善用词语，联络感情

毕业论文答辩过程中涉及人称使用问题时,多用第一人称"我们",还可多用"大家""师生""同学""朋友"等词语,这样容易拉近答辩人与答辩教师和旁听同学的心理距离,使答辩人显得更加自信、亲切,提高答辩效果。

（十一）熟悉诸方法，综合运用

答辩的基本方法有理论分析法、实证分析法、分析综合法、对策论证法、以纲带目法、适当重复法等。要注意结合毕业论文口头答辩的特点熟练地综合运用。

第六节　毕业论文评定标准及评定方法

毕业论文成绩的终评,即答辩委员会根据工作的客观过程及学生答辩的真实情况,经过"合议"评定后报答辩领导小组审定通过的论文成绩。

一、论文成绩评定标准

论文撰写中,指导教师的评分或等次、答辩前的答辩教师互评或评审小组的初评成绩、答辩中答辩教师对答辩效果的总评,以及答辩委员会根据各委员的无记名投票,最后经答辩委员会综合这四种形式所评定的成绩,在实质上可归结为论文质量和答辩水平两个方面。论文成绩的终评标准,应以论文质量为基础,以答辩水平为依据,把答辩水平作为论文成绩的一个硬件标准。毕业论文成绩为优秀、良好、及格、不及格四个档次。

（一）优秀（90～100分）

优秀的主要评分项目与标准是:

(1)知识运用能力强。能正确、出色地综合运用所学基本理论、专业知识观察社会经济现象,能联系社会实际,全面、深入、准确地分析问题,论文具有一定深度或有所创新,对指导实际工作有一定的意义。文章题材丰富新颖,数据可靠,能用科学的思维方法鉴别、加工和整理。

(2)政策水平高。能全面准确领会政策精神,把握政策实质,熟悉政策出台背景,明晰政策效应,善于将政策资源化、生产力化,善于在相应政策的大背景下,以自身知识能力素质来分析研究现实社会经济问题。

(3)写作能力强。论文中心突出,论证充分,结构严谨,层次分明,思路清晰,文笔流畅。

(4)语言能力强。答辩贴切,言简意赅,逻辑性强,说理透彻,有独到见解。

(5)论文真实性强。

(二)良好(75~89分)

良好的主要评分项目与标准是:

(1)知识运用能力较强。能够较好地综合运用所学基本理论、专业知识观察社会经济现象,联系社会实际,分析问题正确、全面而且较深入,对实际工作有一定的参考作用。文章材料较丰富、可靠,能较好地运用科学的思维方法鉴别、整理和运用。

(2)政策水平较高。能较为准确地领会政策精神、把握政策实质、明晰政策效应,在论文中善于将政策资源化、生产力化,善于在相应政策的大背景下,以自身知识能力素质来分析解决现实社会经济问题。

(3)写作能力较强。论文中心明确,论据较充足,层次分明,文笔较流畅。

(4)语言能力较强。答辩贴题,思路清晰,说理较透彻,逻辑性较强。

(5)论文真实性强。

(三)及格(60~74分)

及格的主要评分项目与标准是:

(1)知识运用能力一般。能基本正确掌握和运用所学基本理论、专业知识说明本社会现实问题,在论文中能使用一定材料并做了一定的整理。

(2)政策水平一般。基本上能领会政策精神,能在相应政策的大背景下,以自身知识能力素质来分析研究某些现实社会经济问题,在政策应用上没有原则性的错误。

(3)写作能力一般。论文中心基本明确,论述基本有据,文字表达能力尚好。

(4)语言能力一般。答辩基本说明了问题。

(5)论文真实性强。

(四)不及格(59分以下)

不及格的评分项目与标准是:

(1)知识运用能力较差。只能运用所学基本理论与专业知识说明一些问题,对社会现实问题虽然进行了思考并提出了一些想法,但在阐述中有明显错误。

(2)政策水平低。对党和国家的政策基本上不了解,不能准确领会政策精神,不能在相应政策的大背景下,以自身知识能力素质来分析研究现实社会经济问题。

（3）写作能力较差。在毕业论文的写作中出现照搬、大量采用别人成果现象；论点有误、论据无力、论证混乱、结构松散等；文章所用材料陈旧，论述无中心，逻辑不规范；论文很好但全属抄袭或代笔。

（4）语言能力较差。在答辩中不能抓住老师所提问题的关键与实质，导致答辩离题，东拉西扯，无力切中题意所要求应该回答的内容。

（5）论文真实性差。表面上看，论文虽好（全属抄袭或别人代写），但对内容不熟甚至不理解，答非所问，漏洞百出，甚至只会念论文或者照本宣科读别的现成材料。

从另一方面看，还要注意对毕业生的论文与答辩的准确性、全面性、理论性、实践性、继承性与创造性进行全方位的考查。

二、毕业论文成绩评定方法

论文成绩终评方法，总的来说是以论文的质量为基础，以答辩的水平为依据，从质量的统一性上具体衡量。

（一）论文答辩评定法

论文答辩评定法是通过量化答辩人回答各个答辩问题所获得的成绩来评定毕业论文最终成绩的一种毕业论文成绩终评方法。在论文质量的基础上，把答辩的几个问题依照"终评标准"各个量化。具体方法主要体现在两个方面：一是从论文陈述的流畅、清楚、充分、深刻性等进行评议；二是从答辩教师所提的几个问题的各个方面、不同层次评议。

（二）论文全程评定法

论文全程评定法是通过量化论文整个过程中各个环节的成绩来评定毕业论文最终成绩的一种毕业论文成绩终评方法。其具体做法是把论文指导、互评或评审小组初评、答辩教师对答辩效果总评和答辩委员会委员的评定成绩全部量化为百分并加上论文质量成绩得到毕业论文的终评成绩。

（三）征求意见评定法

征求意见评定法是通过征求有关部门、管理人员和教学人员的意见来评定毕业论文最终成绩的一种毕业论文成绩终评方法。征求意见的内容主要包括：学生平时学习的勤奋程度，学习的自觉性，学习的效果，写作能力，思维与研究能力，写作毕业论文的主动性、积极性，答辩纪律遵守情况，等等。

三、毕业论文成绩评定表

毕业论文成绩评定表

学生姓名		学　号		评定人		
一级指标	二级指标	评价标准			分值	得分
专业水平 （30）	选题水平	符合培养目标和教学基本要求,深度、难度、广度适当,能达到科研实践训练的要求			10	
	实验(调查)方法	能正确设计实验(调查)方案,实验(调查)方法先进合理,实验(调查)结果达到预期目标			10	
	结论合理性	结论符合理论法则和基本原则,设计合理			5	
	创新水平	有创新意识、创新点,对前人工作有改进或突破,或有独到见解			5	
论文写作能力 （25）	格　式	符号统一,编号齐全,图表完备、整洁、准确,符合论文格式规范及要求;论文各构件齐全、格式正确			10	
	结　构	布局合理,段落规范,层次清楚,结构严谨			5	
	文　字	文字通顺、规范,语言准确、简洁、严密,表达能力强			5	
	逻辑性	思路清晰,条理清楚,逻辑严密,主分论一致,富有说服力			5	
综合应用能力 （15）	综合应用文献资料能力	查阅文献有一定广泛性;能独立查阅文献和收集资料,并且收集的资料翔实、充分,能恰切地说明问题			10	
	综合应用技术、工具能力	设计或论文中综合应用了较多技术或工具,并能独立完成			5	
答辩综合素质 （30）	准时到场;有简洁、清晰、美观的演示文稿				10	
	语言表达简洁、流利、清楚、准确,思路清晰,重点突出,逻辑性强,概念清楚,论点正确;实验方法科学,分析归纳合理;结论严谨;表现出对毕业设计(论文)内容掌握透彻				10	
	回答问题准确、有深度、有理论根据、基本概念清晰				10	
合　计					100	

备注:1.此表由学生打印,填好个人信息(姓名、学号、专业、论文题目),答辩当天将此表交给答辩小组教师(每人一张)。

　　2.答辩小组教师现场打分结束,将表格交给答辩秘书,由秘书进行汇总,并算出平均分。

参考文献

[1] 施新.毕业设计(论文)写作指导[M].重庆:重庆大学出版社,2010.

[2] 林义华,吴英华.文献检索与毕业论文写作[M].北京:中国石化出版社,2016.

[3] 周志高,刘志平.大学毕业设计(论文)写作指南[M].北京:化学工业出版社,2006.

[4] 包朗,法美英.大学生毕业论文写作教程[M].南京:东南大学出版社,2016.

[5] 岑咏霆.毕业论文、毕业设计指导[M].北京:高等教育出版社,2002.

[6] 王蜀磊.毕业论文写作[M].2版.上海:立信会计出版社,2014.

[7] 邢彦辰,赵满华.毕业论文写作与文献检索[M].2版.北京:北京邮电大学出版社,2013.

[8] 张智,潘久政,谢必武.毕业论文与毕业设计[M].北京:中央广播电视大学出版社,2010.

[9] 周家华,黄绮冰.毕业论文写作指南[M].2版.南京:南京大学出版社,2013.

[10] 周开全.大学生毕业论文写作指南[M].成都:西南交通大学出版社,2015.

[11] 王力,朱光谐,周一良,等.怎样写学术论文[M].北京:北京大学出版社,1981.